10대 지표로 보는
오늘의 한국경제

한홍열 · 이동진 · 류덕현 · 주동헌 · 정용국 · 손종칠 · 백명호 · 김시원 · 서은숙 · 빈기범

코리아컨센서스 연구원
Korea Consensus Institute

차례

1장	들어가며: 사라진 경제논쟁		5

1부   총량지표로 본 한국경제   9

2장   **사라진 경제성장의 역동성과 변동성**   ?

경제성장의 궤적 • GDP 성장률은 왜 하락하고 있을까? • 낮은 GDP 변동성은 좋은 신호일까? • 보다 나은 미래를 위해서 필요한 것들

3장   **재정건전성에 집착하는 재정정책**   23

한국의 재정수지 추이와 국제비교 • 긴축기조를 고집하는 재정정책 • 재정건전성 집착은 목표와 수단의 전도

4장   **축소균형 양상의 대외무역**   33

축소하는 대외부문 • 지역편중성 완화, 품목편중성 강화 • 대외무역의 안정은 단기적 최우선 과제

5장   **인플레이션에 통화정책은 유효한가**   ?

2000년대 이후 최고치의 물가 상승 • 금리, 생산, 물가의 동학적 관계 • 통화정책은 유효한가

6장   **국내외 금리역전과 통화정책의 선택**   ?

2000년 이후 국내외 금리 추이 • 국내외 금리차 역전과 통화당국의 선택 • 기준금리 선택의 여지는 많지 않다

2부   주요 부문별 지표로 본 한국경제   67

7장   **개선된 소득불평등, 악화된 자산불평등**   ?

차례

개선되었지만 여전히 높은 불평등 지표 • 높아가는 최상위층의 소득 비중 • 심각해진 자산 불평등 • 더욱 강화가 필요한 재분배 정책

8장   **구조변화 속의 고용시장**   ?

선진국보다 낮은 한국의 고용률 • 차별적 고용률 추이: 청년층 하락, 고령 및 여성 상승, 학력별 성별 차이의 존재 • 비임금근로의 감소와 1인 자영업의 상대적 증가 • 서비스업의 확대와 중대기업 근로자의 증가 • 경제활동참가율과 고용률 제고의 필요성

9장   **장기하락 추세의 생산성 증가율**   95

장기적으로 생활수준을 결정하는 노동생산성 • 노동생산성의 변화요인 • 생산성의 국제간 비교 • 질적 성장이 필요한 시대

10장   **신규기업 진출의 플랫폼 역할 강화가 필요한 주식시장**   107

경제와 함께 성장하는 기업의 자금조달 축, 주식시장 • 코스닥시장의 활성화와 혁신 중소기업의 성장, 모험자본의 선순환 체계 • 코스피지수의 주요 역사적 사건과 주식시장 변동성 • 20대 이하의 주식투자 비중 확대 • 외국인투자자 비중 낮아지고, 기술업종에 집중 투자 • 중소기업의 자금조달 기능 강화 필요

11장   **대증적 개입을 지양해야 할 부동산정책**   ?

장기적 가격 상승 추세의 부동산 시장 • 부동산과 주식투자의 비교 • 부동산과 주식 가격 변동에 따른 손익의 배분과 귀속 • 부동산 가격이 장기적으로 상승하는 이유 • 일회일비하면 안 되는 부동산 정책

12장   **오늘의 한국경제**   ?

저성장 타개를 위한 정책조합의 부재 • 선택지가 좁은 인플레이션과 금리정책 • 불평등 해소와 고용률 개선은 여전히 중요한 정책과제 • 경제흐름을 왜곡하지 않는 자산시장 정책의 필요성

저자 소개   137

제1장

들어가며: 사라진 경제논쟁

　근년 들어 거의 사라진 것 중의 하나가 경제에 관한 논쟁이다. 무엇보다도 경제학자 사이, 그리고 정책당국자와의 의미 있는 논쟁을 찾아보기 매우 어렵다. 여느 때와 비교하면 언론에서 경제를 다루는 비중도 매우 낮다. 단순히 생각하면 경제에 관한 논쟁거리나 뉴스거리 자체가 줄었나 싶다. 그 어느 분야보다도 경제가 화제에 오를 때에는 '위기'라는 단어와 결부될 때가 많다. 문제가 없어서 화제가 되지 않는 것인가? 그러나 현재의 경제를 낙관적으로 보는 사람은 거의 없고 모든 부문의 지표를 심각하게 우려해야 할 상황임은 분명하다. 경종이 필요한데도 진지한 논쟁이 이루어지지 않고 있는 현상 그 자체가 의아할 뿐만 아니라 어쩌면 또 다른 두려움의 원천으로 작용하는 듯하다.

　어떠한 이유로든 위기라는 단어를 백안시할 때 위기가 현실화할 가능성이 커진다. 위기를 거론하는 이유는 바로 사전에 대응을 촉구하기 위한 것이다. 정책당국과 경제활동 참여자들은 위기론에 동의하든 않든 자신의 의사결정에 그 가능성을 포함시킨다. 물론 위기를 거론하는 것 자체가 자기실현적 위험을 내포하기도 한다. 그렇지만 대체로 적절한 대응을 통하여 그 위험을 감소시키는 역할이 더 크다고 해야 할 것이다. 실제로 1997년 외환위기 직전에 명백한 위기의 징후에도 불구하고 정부가 이를 지속적으로 부인하였던 사실은 잘 알려져 있다. 경제정책에 대한 정상적인 논쟁이 경제외적 요인에 의하여 억압되고 이것이 다시 적절한 위기대응을 막았던 대표적 사례이기도 하다.

이런 점에서 수년 전 치열하게 전개되었던 소득주도 성장론에 대한 논쟁은 소중한 경험이다. 이 논쟁을 통하여 경제현실이 학자와 정책당국자뿐만 아니라 일반 대중과 공유되었다. 소득주도 성장정책에 대한 찬반 입장과 무관하게 논쟁의 과정은 우리의 현실에 대하여 더 많이 생각하고 더 좋은 대안을 고민하게 만들어 주었다. 코로나19를 지나며 이 논쟁은 잦아졌지만, 그 핵심적 쟁점들은 위기극복을 위한 정책대응 과정에 여전히 중요한 지위를 차지하였다. 매우 오랜만에 정책방향을 두고 학자들뿐만 아니라 많은 시장참여자 간에 활발하게 이루어졌던, 어쩌면 고전적이기도 하였던 논쟁이었다는 점에서 경제상황에 따라 다시 소환될 가능성이 높다.

지금의 시점에서 볼 때 당시 논쟁의 흥미로운 점은 입장의 대립이 현실에 대한 다른 해석에서 비롯된 것만은 아니었다는 사실이다. 오히려 사전적으로 형성된 각자의 입장을 입증하기 위하여 선택적인 경제적 사실을 앞세우는 경향이 강했다. 이로 인하여 논쟁은 자연히 무한루프의 늪에 빠져들기 마련이었다. 어느 정책이든 찬반의 입장이 서로 다른 경제적 현실과 통계적 사실을 제시하는 일에 집중하는 현상은 매우 유감스러운 일이 아닐 수 없다.

좋은 논쟁의 출발점은 대상이 되는 현실의 공유이다. 경제학에서 현실은 대체로 통계에 의하여 기술된다. 수많은 통계가 경제를 파악하는 창구이지만 어느 창을 주로 바라보는지에 따라 현실 인식이 다를 뿐만 아니라 같은 창을 바라보아도 사람

마다 발견하는 풍경은 제각각이다. 그 창은 성장률, 재정, 물가, 무역, 고용, 주가, 부동산 등 매우 다양한 분야의 통계를 포함한다. 경제는 수많은 변수가 상호작용하는 시스템이며 각 변수는 경제의 한 측면을 보여주지만 다른 변수와의 상호작용 결과이기도 하다. 따라서 각각의 통계와 함께 이를 유기적인 관계 속에서 파악하는 것이 중요하다.

이 책은 한국경제의 현황을 파악하는데 대부분의 사람이 받아들일 수 있는 10개의 지표를 선정하고 상식적 수준의 경제학으로 짚어봄으로써 건설적 논쟁의 기반을 제시하고자 기획되었다. 첫째, 경제를 이해하는 가장 기초적인 출발점이라고 할 수 있는 국민계정상의 주요 총량변수의 추이와 현재를 살펴보았다. 성장률, 재정, 무역, 물가 그리고 금리와 관련한 현황이 포함되었다. 이들 변수가 내포하는 보다 자세한 사항을 일일이 전문적으로 분석하기보다는 전반적인 추세와 현재 상황을 제시하고 이것이 갖는 의미를 설명하고자 하였다. 짧은 지면의 한계 때문에 각 변수와 관련한 필자들의 관측 대상과 평가가 개별적일 수밖에 없었음은 아쉬운 일이다. 그렇지만 이는 언제나 최적화의 문제가 가질 수밖에 없는 한계라는 변명으로 이해를 구하고자 한다. 둘째, 한국경제의 현황을 이해하는 데에 필요하다고 생각되는 개별 변수를 선정하였다. 그것은 불평등, 고용, 생산성, 주식시장과 부동산이다. 검토해야 할 경제변수가 더 많이 존재하지만 이들 변수가 갖는 중요성은 달리 설명이 필요할 것 같지는 않다.

이 책의 장점이자 단점은 각 지표에 대한 설명과 해석 그리고 정책제언이 참여한 학자의 독립적인 견해에 전적으로 의존한다는 것이다. 유일하게 합의된 기조는 2000년부터 지표의 추이를 살펴보고 그 선상에서 '오늘의 한국경제'의 위치와 의미를 살펴보자는 것이다. 이 책의 목표를 부족하나마 현재 한국경제의 상황을 경제학의 매우 표준적 지표를 중심으로 제시함으로써 다양한 논쟁과 정책적 판단의 기초를 제공하는 데 두었기 때문이다. 부디 이와 같은 작업이 여러 곳에서 진행되어 한국경제에 대한 이해와 다양한 논쟁에 기여하기를 기대할 뿐이다.

제1부

총량지표로 본 한국경제

제2장
사라진 경제성장의 역동성과 변동성

경제성장의 궤적

흔히 GDP로 불리는 국내총생산은 한 나라가 일정 기간 즉, 한 분기 또는 1년 동안 생산한 최종생산물의 총합이다. 한 나라의 생산능력, 또는 경제력을 평가하는 가장 대표적인 지표이다. 성장률은 바로 GDP의 성장률을 의미한다. GDP는 생산 측면에서 측정하기도 하고 생산한 재화와 서비스의 구입 측면에서 측정하기도 한다. 시장에서의 거래는 항상 수요와 공급이 일치되는 지점에서 이루어진다. GDP 역시 구입이라는 수요측면과 생산이라는 공급측면에서 모두 바라볼 수 있다. 생산측면에서 측정한 GDP는 '경제활동별 GDP'라고 부르며 크게는 농림어업, 제조업, 서비스업으로 구분한다. 경제학적으로는 나라 전체의 공급을 의미하므로 개별 시장에서의 공급과 구분하여 총공급이라는 표현을 쓴다. 구입측면에서 측정한 GDP는 'GDP에 대한 지출'이라고 부르며 소비, 투자, 순수출로 구분한다. 즉, 우리나라에서 생산된 재화와 서비스는 국내에서 소비가 되거나 새로운 투자를 위해 쓰이거나 아니면 해외에서 소비가 된다는 것을 의

---

* 집필: 이동진(상명대 경제금융학부)

미한다. 총공급과 유사하게 나라 전체의 수요라는 측면에서 총수요라는 표현을 쓴다.

[그림 2-1] 한국의 GDP 성장률 추이(%)

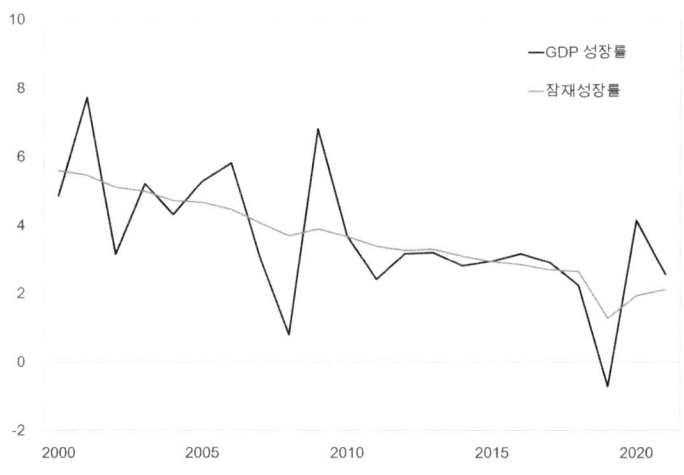

자료: IMF

[그림 2-1]은 2000년부터 한국의 GDP 성장률을 보여준다. 잠재GDP 성장률 또는 잠재성장률은 일반적으로 GDP의 장기균형 추세 및 경제의 생산능력을 반영한다. 잠재GDP가 클수록 경제의 생산능력이 크다는 것을 의미하고 잠재성장률이 높다면 경제의 생산능력이 빠르게 증가하고 있다는 것을 의미한다. GDP는 잠재GDP를 중심으로 경기가 호황일 때는 잠재GDP를 상회하고 경기가 안 좋을 때는 잠재GDP보다 낮다. 유사하게 성장률도 경기가 개선될 때는 잠재성장률보다 GDP 성장률이 더 높고 경기가 후퇴할 때는 그 반대가 된다.

위 그림은 2000년대 이후 한국의 GDP 성장률의 두 가지 특징을 보여준다. 첫째는 잠재성장률이 꾸준히 하락하여 왔다는 사실이다. 2000년까지만 해도 6%에 육박하던 잠재성장률은 2022년에는 2%까지 하락하여 불과 20여 년 만에 1/3 토막 났다. 둘째는 글로벌 금융위기가 발생하였던 2009년을 전후로 하여 잠재성장률을 중심으로 움직이는 GDP 성장률의 변동성이 크게 감소하였다는 점이다. 글로벌 금융위기 이전까지만 하더라도 잠재성장률과의 차이가 3% 포인트 이상인 경우도 존재하였고 평균 차이도 1.5% 내외로 큰 편이었다. 그러나 2010년 이후에는 그 차이가 1/3로 줄어들었다. 한국경제의 잠재성장률 저하 그 자체와 함께 변동성 감소라는 두 가지 특징을 동시에 생각해 볼 필요가 있음을 말해준다.

GDP 성장률은 왜 하락하고 있을까?

한 나라의 생산능력은 크게 자본투입, 노동투입, 총요소생산성 등 세 가지 요소에 의하여 결정된다. 자본투입은 설비투자나 건설투자 등을 통해서 생산을 위한 공장과 시설 등 축적된 자본을 말하고 노동투입은 노동자들의 근무시간을 말한다. 총요소생산성은 미국의 노벨경제학상 수상자인 로버트 솔로우(Solow)의 이름을 따 '솔로우 잔차'라고도 불리는데, 기술혁신이나 사업 아이디어 등을 통해 동일한 노동과 자본 투입으로도 더 많은 생산을 하게 만드는 요인을 이야기한다. 4차 산업혁명과 같은 거창한 것만을 이야기하는 것이 아니라 일반 음식점에서 단순한 메뉴 개선이나 레시피 변경 등을 통해 매출이 늘어나게 된다면 그것 역시 총요소생산성에 포함된다. 생산능력을 나타내는 잠재 GDP와 그 요소들은 데이터로 존재하지는 않고 추정을 해야 하며 그 나라의 중앙은행이나 주요 연구소들이 추정한다.

앞서 말한 바와 같이 한국의 GDP 성장률은 2000년 이후 빠르게 하락하였다. 이와 관련해서는 여러 가지 질문이 있을 수 있다. 무엇 때문에 성장률이 하락하고 있을까? 다른 나라들도 경제가 발전하면서 한국처럼 성장률이 하락해 왔을까? 앞으로도 성장률은 계속 하락할까? 이러한 물음들에 답하기 위하여 우선 주요 선진국들과 한국의 성장률 변화 추이를 비교하는 것이 도움이 된다. 물론 보다 자세한 원인 분석을 위해서는 위에서 언급한 각 요소별로 분해한 자료를 보는 것이 적절할 것이다.

[그림 2-2] 주요국의 잠재성장률 요인 분해(%)

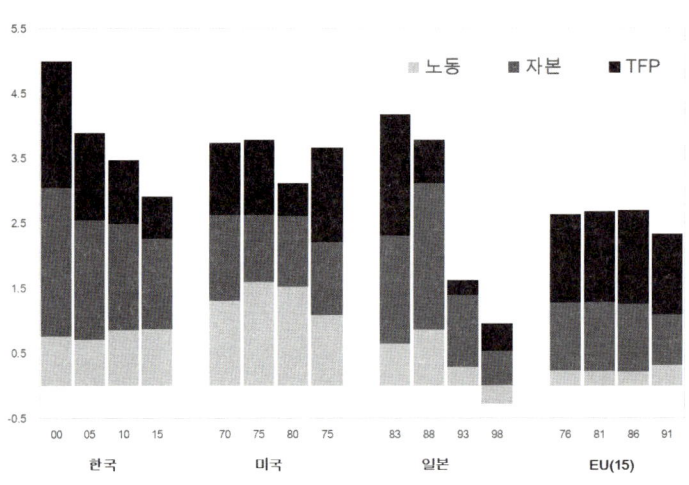

자료: 미 의회예산국(CBO), 일본은행, EC(2014), 한국자료는 한국은행 보고서를 기반으로 저자가 시산. 다만 한국의 자료는 2016년까지의 결과임

[그림 2-2]는 한국과 우리보다 먼저 선진국으로 발전했던 미국, 일본 및 EU 중 주요 15개국의 20년간 잠재성장률 및 요소 추이를 보여주고 있다. 각 나라별로 발전 정도가 다르니 동일한 시점에서 비교하는 것은 한국에 많은 시사점을 줄 수가 없다. 따

라서 2000년 한국의 1인당 GDP(불변 PPP기준)와 유사한 수준이었던 시점부터 20년 동안의 변화를 비교해 보기로 하자. OECD 데이터에 따르면 2000년 한국의 1인당 GDP는 2만2천 달러였다. 비슷한 GDP 수준을 일본은 `83년에, EU(당시 15개국)는 `76년에 도달하였다. 미국은 `70년 1인당 GDP가 2만5천 달러였으나 동일한 기준으로 그 이전 자료가 제공되지 않기 때문에 1970년을 기준으로 잡았다.

나라별로 비교해 보면 한국의 패턴은 이들 나라와 유사하지 않음을 알 수 있다. 우선 1인당 국민소득 2만2천 달러에 도달한 시점에서 한국의 잠재성장률은 다른 나라보다 월등히 높았다. 미국과 일본이 3.5% 내외, EU가 2.5% 내외였던 반면 한국은 5% 수준이었으니 과거 한국의 성장이 가히 기적이라 불릴 만 했었다. 그러나 미국과 EU는 이후에도 20년 동안 잠재성장률의 큰 변화가 없었던 반면 한국과 일본은 큰 폭의 하락을 경험하였다. 한국과 일본의 하락 패턴도 다르다. 일본은 80년대 말 급격한 잠재성장률 하락을 보인 반면, 한국의 경우 2000년부터 꾸준히 하락해 오고 있다. 일반적인 성장이론에 따르면 경제가 발전할수록 성장률은 낮아지게 된다. 그러나 낮아지는 속도는 나라의 특성에 따라 다를 수 있다. 한국경제의 우려스러운 점은 먼저 선진국에 진입했던 다른 나라들에 비해 이들과 비슷한 수준에 이르렀을 때 성장률의 하락이 더 가파르다는 점이다.

성장률을 노동, 자본, 생산성 등의 요소로 분해한 결과도 한국은 다른 나라들과 다른 특징을 보인다. 우선 미국과 EU는 요소별 기여도 면에서 20년간 큰 차이가 없었다. 일시적인 변화는 있을지언정 요소별 기여도는 다소 고착화된 것으로 보인다. 특이한 점은 EU의 경우 노동의 기여도는 매우 낮은 반면, 총요소생산성의 기여도가 오히려 다른 국가들보다 높아 단순한 양적 투입 중심의 성장보다는 생산성 중심의 성장 패턴을 보였다는 사실이다. 이 경우 성장률 자체는 낮을지라도 1인당 성장률과 개인이 누리는 성장의 과실은 매우 높아진다. 일본의 경우 모든 요소가 감소하였으나 특히 노동과 생산성의 감소가 두드러진다. 일본의 고령화는 이미 잘 알려진 문제이다. '98년 이후에는 인구감소로 노동이 오히려 성장률을 감소시키는 요인으로 작용하고 있음을 알 수 있다. 그러나 일본의 성장 하락은 단순히 인구 문제만이 아니라 생산성의 정체, 자본축적의 정체도 큰 영향을 끼치고 있음을 알 수 있다.

반면 한국은 2016년까지 노동의 기여도는 큰 변화가 없으나 총요소생산성과 자본의 기여도가 감소하였다. 2000년대까지만 해도 한국의 총요소생산성 기여도는 다른 나라들을 압도할 만큼 높은 수준이었다. 그러나 2%에 육박했던 총요소생산성 기여도는 2015년 이후 0.5% 정도로 크게 하락하였다. 이 기간 한국은 고부가가치 산업에 집중함으로써 생산성을 성장의 핵심 동력으로 취하고자 하는 정책을 취해 왔고 IT 등 고부가가치 산업에 자원과 정책지원을 집중해 왔다. 그러나 이러한 노력에도 불구하고 실제 생산성의 기여도는 점점 낮아지고 있음을 알 수 있다. 그렇다면 이 기간 주력했던 고부가가치 산업이 실제로 성장하지 못한 것일까? 이 글에서 자세히 다루지는 않겠지만 그렇지는 않은 것으로 판단된다. 그동안 한국의 IT 산업은 매우 빠른 속도로 성장해 왔다. 문제는 우리 경제에서 훨씬 더 큰 비중을 차지하는 여타 산업들이 전략적 지원에서 배제되면서 이들 산업의 생산성이 빠르게 정체되어 왔던 점이 문제라고 보는 것이 타당해 보인다.

그렇다면 미래에는 어떻게 될까? 앞으로도 우리의 성장률은 하락할까? 가장 우려스러운 점은 일본과 같은 인구감소가 현실화하기 시작했다는 점이다. 따라서 향후 최소 10여 년간 노동의 기여도는 일본과 같이 감소할 수밖에 없다. 이 요인만으로도 한국의 성장률은 0.8% 이상 떨어지게 될 가능성이 높다. 결국 중기적으로 1%대 성장률은 피할 수 없을 전망이다. 다른 요소는 어떨까? 우선 자본스톡은 경제가 발전할수록 유사한 수준으로 수렴하는 것이 보편적이다. 한국의 경우 자본이 상대적으로 중요한 제조업의 비중이 높아 아마도 자본스톡 기여도는 다른 선진국보다 조금 높은 수준으로 수렴할 가능성이 높다. 위 [그림 2-2]에서 표시된 현재의 수준에서 크게 낮아지지는 않을 것임을 알 수 있다. 문제는 생산성이다. 한때 가장 높았던 생산성은 일본과 유사한 수준으로 떨어져 있다. 인구감소로 발생하는 성장의 감소를 생산성이 얼마나 메꿔줄 수 있는가가 우리 경제의 미래 성장에서 중요한 역할을 할 것이다.

낮은 GDP 변동성은 좋은 신호일까?

실제 GDP가 잠재 수준으로부터 벗어나는 것을 경기변동이라고 한다. 경제는 장기균형 수준을 중심으로 이를 넘어서기도, 밑돌기도 하는 과정을 겪게 되는 것이 일반적이다. 그러나 2010년 이후 한국 성장률의 변동성은 크게 감소하였다. [그림 2-1]에서 볼 수 있듯이 실제 성장률이 잠재성장률과 거의 유사하게 움직여 오고 있다. 즉, 코로나19 팬데믹 사태 이전까지는 거의 경기변동이 없는 상태가 지속되어 왔다고 보는 것이 타당할 것이다. 혹자는 이처럼 변동성이 없다면 경기가 안정화 되어 오히려 경제가 예측가능하고 충격이 없는 바람직한 상태가 아니냐고 반문할 수 있다. 물론 일부는 맞다. 그리고 정부의 역할이 큰 폭의 경기변동을 미연에 방지하는 것이니 충격이 상대적으로 약한 경기변동이 바람직할 수 있다.

그러나 경기변동의 다른 면에서는 '다이내믹(또는 역동성)'이라는 요소가 있다. 경기변동이 항상 나쁜 것이 아니라 경제를 다이내믹하게 만들어 성장의 밑거름이 되기도 한다. '다이내믹'하다는 것은 경기가 안 좋을 때 생산성이 낮은 좀비기업들이 시장에서 퇴출되고 능력 있는 기업들만 남게 되어 나라 전체의 생산성이 개선되고 이에 따라 더 높은 성장을 달성하게 될 수 있음을 의미한다. 2010년 이후 한국경제는 이러한 다이내믹한 특성을 잃어버린 것처럼 보인다.

왜 이렇게 된 것일까? 우선 글로벌 금융위기 이후 경제주체들의 위험회피 경향이 더욱 강화된 것이 이유가 될 수 있다. 큰 위기를 겪고 나면 모험적인 경제활동보다는 보다 안정적인 경제활동을 선호하게 되는 것은 당연하다. 이 시기 발생했던 청년들의 공시 열풍은 이러한 선호 현상을 단적으로 보여준다. 악화된 소득 불평등 문제도 하나의 원인이다. 소득 계층별 양극화가 심화되고 부동산과 같은 불로소득의 비중이 클수록 창의적인 경제활동을 통한 계층 상승의 유인이 감소하기 때문이다. 정부의 역할도 컸다. 특히 이 시기 정부들은 기업의 도산 회피 노력이 남달랐는데, 이로 인해 한계기업들이 여전히 시장에서 생존하고 생산성은 떨어질 수밖에 없었다. "빚내서 집 사라"는 식의 소위 초이노믹스는 대표적인 정책이다. 개인들이 빚을 내서 주택가격을 올리고 이를 통해 건설사를 비롯한 기업들의 이윤과 생존확률을 높여주는 정책은 이해하기 어렵지만 여전히 반복되고 있다.

보다 나은 미래를 위해서 필요한 것들

GDP라는 변수를 통해 2000년 이후의 경제에 대해 우리가 볼 수 있었던 것은 성장률의 지속적인 하락과 '다이내믹' 경제의 실종이었다. 이를 극복하지 못할 경우 한국경제의 미래가 긍정적일 수 없다. 문제는 '어떻게' 극복할 것인가이다.

우선 저성장 문제를 본다면 인구감소로 인한 노동기여도 하락은 장기적으로 반드시 해결되어야 하며 시급한 과제임은 맞다. 그러나 지금부터 획기적인 정책이 나타나 출산율이 높아진다고 하더라도 10~20년 내에는 해결될 수가 없다. 따라서 2030년 또는 2040년까지의 우리 성장을 회복하는 데 있어 가장 중요한 것은 생산성이다. 흔히들 혁신성장이라고 하는 것이 그것이다. 혁신성장은 대통령 선거 때마다 후보들의 핵심 공약의 하나로 항상 강조되어 왔던 것이며 정부의 중기 경제전략에서도 1번의 자리를 차지할 정도로 중요하게 다루어졌던 것이다. 굳이 이러한 주장이 다시 할 필요가 있을까? 앞서 국가별 생산성 비교에서 보았듯이 그토록 강조하였던 혁신성장의 성과는 아직은 초라하다. 따라서 미래의 혁신을 이야기할 때 핵심은 어떠한 혁신성장이냐는 것이다.

명심해야 할 것은 우리 경제에서 "낙수효과"라는 것은 더 이상 고려의 대상이 되어서는 안 된다는 점이다. 한국은 과거부터 낙수효과를 근거로 일부 산업에게 자원을 집중하는 정책을 취해왔다. 경제가 어려울수록 이러한 현상은 더욱 심화되어 왔다. 그러나 아직까지도 낙수효과의 증거는 발견되지 않고 있으며, 오히려 편중된 지원으로 세계에서 가장 양극화가 심각한 국가 중의 하나가 되어버렸다. 생산성이 높은 산업에 집중을 하는 것도 해결책이 되지 않는다. 우리 경제는 세계 10위권에 있을 만큼 거대한 경제이다. 이제는 한두 개 산업이 성장한다고 경제 전체가 성장하는 수준의 국가가 아니다. [그림 2-2]가 보여주는 생산성 하락은 이러한 사실을 방증한다. 문제는 이러한 정책들이 여전히 우리 경제정책의 중심축으로 사용되고 있다는 점이다.

고등학교의 성적과 위상을 높이는 방법은 서울대 또는 의대생 배출 수가 많거나 아니면 전체 평균을 높이는 두 가지 선택을 생각해 볼 수 있다. 서울대 배출을 늘리려면 최우수학생들에게 별도의 교내 독서실 제공이나 학생부를 화려하게 몰아줘야 하나 이는 다른 학생들에게는 도움이 되지는 않는다. 최우수학생이 많아 면학 분위기가 좋아진다고 해서 다른 학생들의 면학 태도마저 좋아지는 낙수효과는 발생하지 않는다. 반면 전체 평균을 올리기 위해서는 성적이 낮은 학생들에게도 성적 상승의 기회를 주어야 한다. 알아서 잘 하는 최우수학생에게 교사의 지도는 그리 필요 없을 수 있지만, 성적이 낮은 학생들에게는 교사의 지도가 매우 중요하다. 한국의 고등학교는 대부분 전자 중심으로 돌아간다. 필자가 고등학교 다닐 때도 그랬고 필자의 자녀가 다니는 현재에도 그렇다. 아마도 이러한 방식이 사회 전반에 널리 퍼져 있는 탓인지 우리의 경제정책도 그러하다. 혁신과 관련한 정책은 잘 나가는 대기업이나 고부가가치 산업에 집중하고 대다수를 차지하는 나머지에 대한 정책은 분배정책의 문제로 다루어지는 게 우리의 상황이다. 그러나 경제성장은 총량지표인 반평균의 성장을 말한다. 우리가 지금까지 혁신성장을 부르짖었음에도 성과가 미약한 것은 총량지표로서의 경제성장을 무시하고 여전히 일부 산업에 자원과 지원을 집중하는 정책에서 벗어나지 못했기 때문이다.

낙수효과에 의존하지 않고 경제 전체의 생산성을 높일 수 있으며 경제 전체의 혁신이 발생할 수 있는 우리 경제의 성장경로와 전략이 필요한 시기이다. 이러한 전략은 분배의 문제를 혁신의 영역으로 가져오는 큰 전환이 될 것이며, 70년대, 90년대에 이어 우리 경제에 새로운 도약을 가능하게 하는 촉매가 될 것이다.

경제를 다이내믹하게 만드는 데에는 정부의 역할이 중요하며, 한국경제가 역동성을 잃어버리게 된 데에 정부에도 일말의 책임이 있다. 오늘날 가장 중요한 역할 중의 하나는 모험자본을 확대하여 경제주체들이 보다 도전적인 경제활동을 영위할 수 있도록 지원해야 한다. 실패에도 재활할 수 있도록 사회보장제도도 강화해야 한다. 반면에 경제안정을 빌미로 경제를 억지로 끌어올리려는 시도들은 그만두어야 한다. 지난해부터 이어진 부동산 규제 완화는 건설업과 PF 대출에 묶인 금융회사들을 살리는 데에는 긍정적이다. 이처럼 무조건적으로 기업을 보호하는 것은 결국 우리 경제의 역동성을 없애는 매우 나쁜 정책이다. 좀비 건설기업들과 그릇된 부동산PF 대출에 묶인 금융사들이 살아나는 가장 쉬운 방법은 부동산 가격이 다시 오르는 것이다. 이를 위해 현재도 위태로운 가계대출을 더욱 늘려 왔다. 그러나 그로 인한 경제의 부담은 전 국민이 질 수밖에 없고 우리 경제의 역동성은 더욱더 약해진다. 지금까지 한국사회는 혁신성장과 분배를 대립되는 정책으로 치부하며 어느 쪽에 방점을 두는 가에 따라 진보와 보수가 갈리고 정치적으로 대립하는 현상을 보여왔다. 이러한 대립이 오히려 성장의 발목을 잡고 있는 상황이다. 그러나 둘은 반드시 양립할 수 없는 문제가 아니다. 혁신의 과실을 혁신 주체가 가져가는 것은 경제적으로 당연한 것이다. 따라서 일부 영역에만 혁신을 집중하는 경제가 아니라 고부가가치 산업의 선도와 여타 산업의 혁신이 같이 이루어지는 경제로 패러다임의 전환이 이루어질 때 성장과 분배의 문제가 같이 해결될 수 있다는 점을 직시할 필요가 있다.

제3장

재정건전성에 집착하는 재정정책

한국의 재정수지 추이와 국제비교

최근 20여 년 동안의 재정수지 추이를 살펴보는 것은 한국 경제의 부침과 사회의 역동적인 변화에 대처하기 위해 정부가 어떻게 재정운용을 해왔는가를 파악하는 일이다. 또한 향후 사회경제 상황의 변화에 대해 정부의 대응방안을 재정정책의 측면에서도 가늠해 보는 작업이기도 하다.

재정수지란 해당 연도의 재정수입에서 재정지출을 차감한 것으로 정의된다. 만약 재정지출이 재정수입보다 더 커 적자가 발생할 경우, 부족한 재원을 보전하기 위해 차입을 하거나 국채발행 혹은 자산매각을 할 수밖에 없다. 반대로 재정흑자가 발생할 경우, 국채상환이나 예치금 증가 등에 사용할 수 있어 국가채무가 감소하거나 국가자산이 증가한다.

여기서 재정수지를 구분하여 살펴볼 필요가 있다. 우리나라 정부가 국제기구에서 제정한 기준에 의거하여 측정하고 발표하는 것으로 통합재정수지(consolidated fiscal balance)와 관리재정수지(managed fiscal balance)가 있다. 이중 통합재정수

---

* 집필: 류덕현(중앙대 경제학부)

지는 당해연도의 일반회계, 특별회계, 기금을 모두 포괄한 수지로서 회계-기금 간 내부거래 및 차입, 채무상환 등 보전거래를 제외한 순수한 재정수입에서 순수한 재정지출을 차감한 수치를 말한다. 즉, 재정수지는 세입에서 세출과 순융자를 뺀 것이며 또한 총수입에서 총지출을 차감한 것이다. 한편, 관리재정수지는 통합재정수지에서 사회보장성기금 수지[1]를 제외한 정부의 재정상태를 의미하는데 이는 다분히 재정건전성을 강조하기 위해 한국의 재정당국이 만든 개념이다. 1988년 국민연금 제도가 시행됨에 따라 기금의 성숙 수준에 따른 재정상태의 변화를 인식하기 위해 2000년부터 관리대상수지 집계와 함께 실시하였다. 하지만 이제 고령화의 본격적인 도래로 인해 통합재정수지와 관리대상수지의 구분이 특별하게 의미가 없는 지경이 되었다. 그럼에도 관리대상수지에 대한 강조는 한국 정부의 재정건전성에 대한 지나친 집착에서 비롯된 것으로 보인다.

지난 20여 년간의 재정수지는 통합재정수지 기준(결산기준)으로는 대부분의 기간 흑자를 기록하였다. [그림 3-1] 2008년 글로벌 금융위기를 극복하기 위한 확장적 재정정책과 2020년 코로나19 경제위기 시기의 재정운용으로 적자를 보인 것 외에는 대부분 흑자를 보였다. 관리대상수지 기준(결산기준)으로는 반대로 2002~2003년 및 2007년을 제외하고는 모든 기간에 적자를 기록하였다. 특히, 경제위기가 도래한 시기에는 그 적자폭이 더욱 커지는 것을 알 수 있으며 2000년 이후 가장 적자폭이 컸던 시기는 2020년으로 GDP 대비 5.8%를 기록하였다.

---

[1] 사회보장성기금은 국민연금기금, 사립학교교직원연금기금, 고용보험기금, 산업재해보상보험 및 예방기금 등이다.

[그림 3-1] 재정수지와 GDP 갭의 추이

(단위: GDP 대비 %)

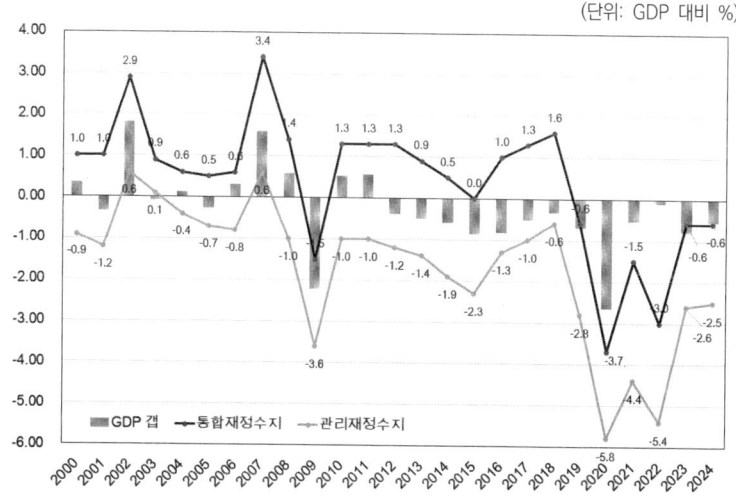

연도	통합재정수지	관리대상수지	GDP 갭	연도	통합재정수지	관리대상수지	GDP 갭
2000	1.0	-0.9	0.4	2013	0.9	-1.4	-0.5
2001	1.0	-1.2	-0.3	2014	0.5	-1.9	-0.6
2002	2.9	0.6	1.8	2015	0.0	-2.3	-0.9
2003	0.9	0.1	-0.1	2016	1.0	-1.3	-0.8
2004	0.6	-0.4	0.1	2017	1.3	-1.0	-0.5
2005	0.5	-0.7	-0.3	2018	1.6	-0.6	-0.3
2006	0.6	-0.8	0.3	2019	-0.6	-2.8	-0.7
2007	3.4	0.6	1.6	2020	-3.7	-5.8	-2.6
2008	1.4	-1.0	0.6	2021	-1.5	-4.4	-0.5
2009	-1.5	-3.6	-2.2	2022	-3.0	-5.4	-0.1
2010	1.3	-1.0	0.5	2023	-0.6	-2.6	-0.8
2011	1.3	-1.0	0.6	2024	-0.6	-2.5	-0.5
2012	1.3	-1.2	-0.4				

주: 1) 재정수지 통계는 2022년까지 결산 기준이며, GDP 갭은 IMF World Economic Outlook 2023년 4월호의 수치임.
2) 재정수지 통계 중 2023-24년은 2022~26년 국가재정운용계획의 수치이며 GDP 갭은 IMF의 전망치임.

자료: 대한민국 정부 e-나라지표(https://www.index.go.kr/). IMF World Economic Outlook 2023년 4월호.

재정수지의 국제비교는 동일한 국제기준에 맞게 작성된 지표를 기준으로 이루어져야 한다. 통상 가장 많이 사용되는 재정수지 지표는 OECD 통계에 따른 일반정부 통합재정수지(General Government Financial Balance)다. 이를 이용하여 2010년대 이후 재정수지를 OECD 주요 국가와 비교해 보자. 아래 그림 [그림 3-2]에 따르면 2022년 한국의 일반정부 통합재정수지는 GDP 대비 0.18% 흑자로 예상되며, 미국은 2020년 14.9%, 2021년 12.1%의 대규모 적자에서 2022년 4.1% 적자로 대폭 축소되었다. 일본은 2020년 8.97%, 2021년 5.51%, 그리고 2022년 6.68% 적자를 보였다. OECD 평균은 2020년 10.27%, 2021년 7.33%, 그리고 2022년 3.73%로 코로나19 위기 이후 재정수지가 대폭 감소하고 있는 추세다. 이들 국가와 비교했을 때 한국의 일반정부 재정수지 적자의 규모는 매우 양호하다고 할 수 있다.

[그림 3-2] 한국과 OECD 주요 국가의 재정수지 추이

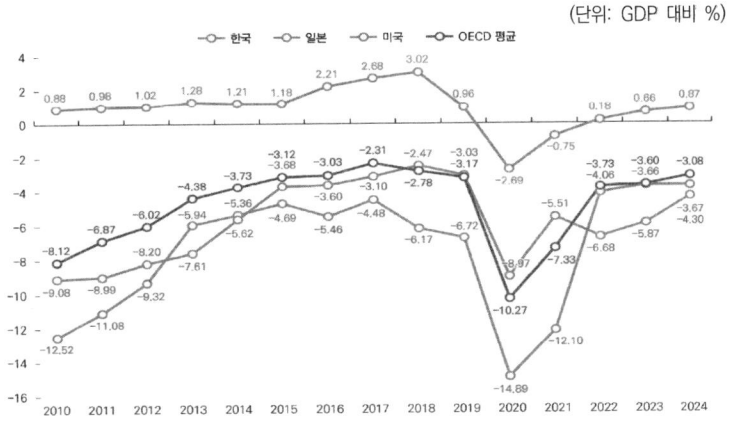

주: 2022년 이후는 OECD 전망치 기준임
자료: OECD, Economic Outlook, No.112, 2022.11. 국회예산정책처(2023), 『2023 대한민국 재정』에서 재인용.

긴축기조를 고집하는 재정정책

한국경제는 2000년 이후 크게 3번의 대규모 재정투입과 확장적 재정정책을 통한 위기극복의 시기를 거쳤다. 첫 번째는 2000년대 초반 대규모 공적자금을 조성하여 1997-98년 외환위기 이후의 금융기관 구조조정을 통한 시기이다. 두 번째는 2008년 글로벌 금융위기를 극복하기 위해 확장적 재정정책을 편 시기이다. 마지막으로는 2020년 코로나19 경제위기의 시기이다.

이 모든 시기에 한국 정부는 재정을 확장적으로 운용하여 경기침체를 극복하고 경제안정을 도모하였다. 확장적인 재정정책의 결과는 재정수지의 악화와 급격하게 증가한 재정지출을 지지하지 못한 세입 부족분을 메우기 위해 발행한 국가채무의 누적적 증가이다. 즉, 재정수지의 악화와 국가채무의 증가는 확장적 재정정책을 통해 나타날 수밖에 없는 상흔(傷痕)과 같은 것이다. 그러므로 특정 시기 재정수지 적자폭이 큰 폭으로 나타난다는 그 사실 만으로 재정운용의 건전성 여부를 판단하기는 어렵다. 더욱이 경기대응을 위한 통화정책의 유효성이 크지 않는 영의 이자율 상황(Zero-lower-bound)에서는 재정정책의 유효성이 높기 때문에 2008년 경제위기, 2011년 남유럽 재정위기, 그리고 최근의 코로나19 경제위기 극복에 확장적인 재정정책으로 대응할 수밖에 없는 것이다.

한국경제는 코로나 위기로 인해 2020년 -0.7% 역성장을 기록하고 바로 그다음 해에 4.3% 성장하여 경기침체가 V자형으로 급반등하였다. 그리고 2022년 2.6%로 하향 조정된 후 2023에는 1.4% 성장할 것으로 전망되고 있다.[2] 즉, 2021년 급반등,

2022년 조정 그리고 2023년 경기침체의 사이클을 그리고 있다. 2022년 말 기획재정부는 2023년 성장률이 2.6%가 될 것으로 전망하였지만 이후에는 이보다 매우 낮은 1.4% 성장할 것으로 전망을 대폭 수정하였다. 즉, 지금의 시기는 코로나19 위기로 인한 경제위기가 완벽하게 회복된 것은 아니고 여전히 경기침체가 지속되고 있는 것이라고 볼 수 있다. 즉, 한국경제의 잠재성장률을 2.5% 정도로 본다면 실제GDP와 잠재GDP의 격차를 나타내는 산출갭 혹은 GDP 갭(output gap or GDP gap)은 여전히 음수일 가능성이 높다.[*3] 산출갭과 재정수지 사이의 단순한 상관관계를 살펴보더라도 경기순환에 대한 과거의 재정정책의 대응은 비교적 효과적이었던 것으로 조사되고 있다. 2000년부터 2022년까지 산출갭과 통합재정수지 적자와의 상관계수는 0.75, 관리대상수지와의 상관계수는 0.71로 각각 계산되었다. 앞서 [그림 3-1]에서도 알 수 있듯이 재정수지와 산출갭 사이에는 양(+)의 상관관계가 있음을 알 수 있다.

그런데 최근의 경제상황은 한국 정부나 대내외 경제예측기관들이 전망하는 것처럼 경기침체가 지속되고 있으며 쉽게 회복되기 쉽지 않아 보인다. 가령, IMF가 2023년 4월에 발표한 세계경제전망(World Economic Outlook)에서는 한국의 산출 갭이 2022년 −0.1%에서 2023년 −0.8%, 2024년 −0.5%가 될 것으로 전망하였다. 즉, 경기가 여전히 잠재수준보다 못 미칠 것이라고 전망하고 있는 것이다. 그럼에도 한국 정부는 2023년과 2024년 재정정책 기조를 확고하게 긴축기조를 유지할 것으로

[*2] 2023년 7월 하반기 경제정책방향 (기획재정부).

[*3] 경기국면은 실질GDP와 잠재GDP의 차이인 산출갭(output gap)의 GDP 대비 비중의 변화로 평가할 수 있다. 만약 산출 갭이 양(+)의 값이면 이전 연도에 비해 경기상승 국면을 의미하고 음(−)의 값이면 경기둔화 혹은 하강국면을 의미하게 되는 것이다.

보인다. 〈표 3-1〉에 나와 있지만 2020년과 2021년의 경우 총지출 증가율이 11.7%와 13.4%를 기록할 정도로 확장적인 정책을 편 것은 사실이다. 하지만 2022년의 경우, 본 예산 기준으로 1.1%, 2023년 5.1% 증가율을 상정한 것을 보면 현 정부는 확실한 긴축기조로 재정을 운용하고 있는 것이다. 이는 2022~2026년 국가재정운용계획안에도 2023년 이후 통합재정수지적자가 균형에 가까운 -0.6%를 유지하기 위해 지출증가율을 상당히 억제하고자 하는 것에서도 오롯이 나타난다.

〈표 3-1〉 총지출과 총수입의 최근 추이

(단위: 조원, %)

	총수입	총지출	총수입 증감율	총지출 증감율
2017	430.6	406.6	7.2	5.6
2018	465.3	434.1	8.1	6.8
2019	473.1	485.1	1.7	11.7
2020	478.8	549.9	1.2	13.4
2021	570.5	601	19.2	9.3
2022	553.6	607.7	-3.0	1.1
2023	625.7	638.7	13.0	5.1

주: 2017년부터 2021년까지는 결산자료이며, 2022년과 2023년은 본예산 기준임.
자료: 디지털예산회계시스템

재정건전성 집착은 목표와 수단의 전도

재정수지는 무조건 균형을 이루어야 하는가 혹은 균형과 비슷한 수준의 적자 혹은 흑자가 바람직한가라는 질문은 잘못된 문제제기(ill-posed problem)다. 항상 적자를 보이거나 항상 흑자를 유지하는 것이 좋다고 할 수는 없다. 경제안정이라는 정책목표의 달성을 위하여 필요한 정책수단이 재정정책이고 이의 적절한 수행여부가 중요한 것이지 재정수지 균형 그 자체가 중요한 것은 아니다. 물론 과도한 재정수지 흑자나 적자면 곤란하겠지만 재정정책 운용 '수단'이 경제안정이라는 '목표'를 흔들 수는 없는 것이다. 이런 관점에서 지난 20203년 7월에 발표된 정부의 2023년 하반기 경제정책 방향은 다음과 같은 중요한 질문과 관련하여 과연 적정한지 평가해 볼 필요가 있다.

첫째, 2023년 성장률 1.4%, 2024년 2.4% 성장률 목표의 달성에 재정정책은 기여하는가, 둘째, 막대한 규모의 세입결손이 예상되는데 이에 대한 대책은 있는가, 셋째, 경기대응에 대한 기조적 정책전환을 하고 있는가, 넷째, 불평등 해소 및 복지정책은 충분하게 설계되어 있는가, 마지막으로 규제와 감세 정책은 현재의 어려운 민생과 경제회복에 도움이 되는가 등이다.

현재 한국경제의 대외여건은 여러 측면에서 불확실하고 불투명하다. 중국경제의 리오프닝 효과가 뚜렷하지 않고 중국경제 뇌관인 지방정부의 부채 문제와 부동산 시장 침체로 중국 정부의 적극적인 경기부양 정책을 기대하기 어려운 상황이다. 또한 미국경제의 경기침체에 대한 우려가 증대하고 있으며 인플레이션은 아직 확실하게 제압되지 않았다. 디커플링/디리스킹으로 표현되는 미-중간의 경쟁 갈등이 지속될수록 대외여건의 불확실성은 더욱 커진다. 러시아-우크라이나 전쟁 역시 종전의 기미가 보이지 않는다. 연준의 정책금리 하향 조정 역시 상당 기간 기다려야 할 것으로 보아야 한다. 이러한 세계경제의 불확실성하에서 한국의 주력 수출업종인 반도체 산업의 회복 여하도 쉽지 않은 전망이다. 이러한 대내외 여건을 감안할 때, 정부가 전망한 올해와 내년 성장률은 달성 여부가 불확실하다고 할 수 있다. 예년 같으면 정부의 재정정책은 경제성장을 견인하는 내용의 정책 의지를 반영하여 발표한다. 즉, 어느 정도의 재정적자와 국가채무 증가를 용인하더라도 민생안정과 경기회복을 도모하는 데 초점을 맞추는 것이 일반적이다. 그러나 현 정부는 오로지 건전재정 운용이라는 가치를 중요시 하고 있다.

세입결손이 예상될 때 재정수지 적자를 줄이는 확실한 방법은 바로 지출을 조정하는 것이다. 즉, 올해 계획된 지출을 하지 않거나(불용), 집행을 연기하거나(이연) 혹은 예산을 재구조화하는 것이다. 2023년 6월까지 국세수입이 40조 정도 적게 걷혔다고 한다. 하반기 국세수입이 작년 수준으로 걷힌다고 하더라도 예산대비 40조 원 결손이 난다. 경기침체에 의해 세수부족 사태가 발생하였는데(재정수지 적자) 이를 재정지출 억제로 대응하면 경기가 더욱더 위축되고 이에 따른 세입결손은 더욱 커지는 악순환을 초래하는 것이다. 재정을 건전하게 하기 위한 조치가 상황을 더욱 악화시키는 것이다.

결국 재정건전성을 지키는 것보다 국민경제를 살리고 국민의 삶의 안정을 지키는 것이 더욱 중요하다는 원칙을 상기할 필요가 있다. 그것이 재정도 지키고 경제도 지키는 바람직한 길이다.

제4장

축소균형 양상의 대외무역

축소하는 대외부문

2003년 현재 한국경제의 대외부문은 급격한 축소균형이 진행 중이다. 세계시장의 여건이 긍정적이지 않은 점을 감안하더라도 이러한 정도의 축소를 겪은 경험은 매우 드물다. 2022년 하반기부터 본격화한 축소균형 양상이 향후 어느 정도 지속될 것인지 아직은 분명하지 않다. 그 원인에 대한 종합적 설명도 아직은 시기상조이다. 한국의 경제발전 과정에서 이러한 현상이 거의 없었다는 점에서 그 잠재적 부정적 영향의 크기도 가늠하기 힘들다. 향후 추이에 대한 면밀한 관찰과 원인의 분석이 필요한 시점이다.

2000년대 들어 한국의 수출입은 꾸준히 증가하는 추세를 보였지만 해외경제의 변동 때문에 큰 하락을 여러 번 경험하였다. 세 차례의 중요한 변곡점이 있었는데 2009년 글로벌 금융위기, 2014-15년 글로벌 경기후퇴 그리고 2020-2021년의 코로나19인데 이 시기에 무역이 급감하였다. 전반적으로 2000년대는 무역의 변동폭이 상당히 높았던 기간으로 평가해도

---

* 집필: 한홍열(한양대 ERICA 경제학부)

무방해 보인다. 한국의 경제규모가 큰 폭으로 확대되었으나 대외의존도가 여전히 높은 특성 때문에 대외부문의 변화는 경제안정성에 큰 영향을 갖는다. 과거 한국경제는 외부충격에 민감하게 반응하더라도 이후 비교적 빠른 속도로 회복하는 패턴을 나타냈었다. 최근의 변화는 비록 외부충격 요인을 전혀 무시할 수 없다 하더라도 다른 국가에 비하여 지나치게 큰 변동이라는 점에서 한국경제의 구조적 요인에 주목해야 할 필요성을 암시한다 [그림 4-1].

[그림 4-1] 수출입 추이(통관기준)

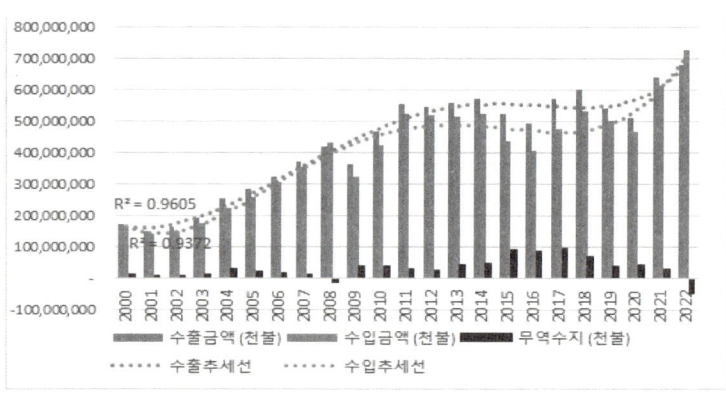

자료: 한국무역협회 kita.net 통계 활용하여 필자 작성

　오랜 기간 수출이 수입을 초과하였으나 2017년을 전후로 수출입 증가율의 추세는 역전하였다. 그리고 이러한 추세가 향후에도 지속될 것으로 판단할 수 있는 상황이 전개되고 있다. 나아가 2023년 들어 가장 우려해야 할 대목은 무역수지가 아니라 한국의 무역 그 자체가 급속히 축소하는 양상이다. 한국의 수출은 코로나19 팬데믹 이후 정상적으로 회복하는 과정에 있었던 것으로 보인다. 그러나 수출은 2022년 하반기를 기점으로 오히

려 다시 빠른 속도로 감소하기 시작하였다[그림 4-2]. 이러한 양상은 당초의 전망과는 달리 세계경제가 상대적으로 안정성을 유지하고 있는 상황 하에서 진행된다는 점에 주목해야 한다. 특히, 2023년 상반기를 기준으로 수출은 전년비 12.4%, 수입은 7.7% 급락하였다. 그중에서도 중화권이라고 할 수 있는 수출시장의 하락폭은 우려할 수준이다. 미국 시장에 대한 수출만 유일하게 전년과 동일한 수준이다. 전반적으로 수출이 부진한 가운데 수입의 감소는 수출에 비하여 상대적으로 낮다. 그러나 그 감속 폭 역시 작다고 할 수 없어서 무역 자체가 전반적으로 축소되는 추세임을 현재로서는 부정하기 어렵다.

[그림 4-2] 최근 3년간 분기별 수출입 변화

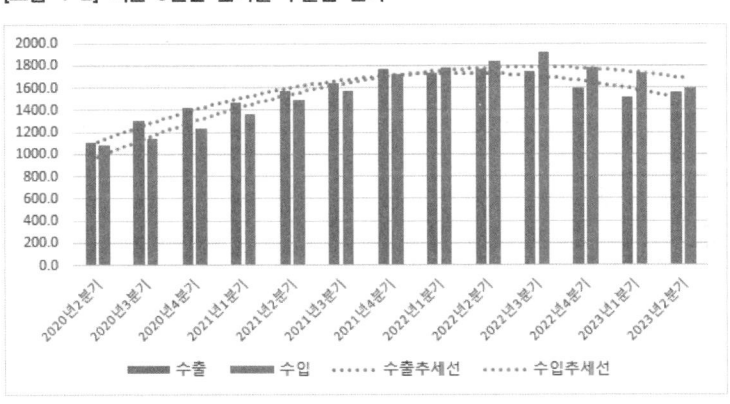

자료: [그림 4-1]과 동일

경상수지 계정에서 가장 커다란 변화를 보인 것은 당연히 무역수지(상품수지)이다. 통관기준 무역수지는 2022년부터 마이너스를 기록하였는데 이는 2008년 글로벌금융위기 이후 처음이다. 국제수지 기준으로 상품수지는 150억 달러 흑자를 유지하였으나 이 역시 전년의 757억 달러에 비하여 큰 폭 하락이며

2008년 금융위기 이후 최저수준이다. 2022년 경상수지는 흑자를 유지하였으나 이 역시 2011년 이후 최저수준이다. 소득수지 특히 투자수지가 안정적으로 흑자를 보이고 있는 상황이고, 산업구조상의 특징에 따라 서비스 수지가 만성적 적자이지만 그 변동폭이 크지 않고 오히려 최근 들어 개선되는 가운데에서도 상품수지의 대폭 악화함에 따라 경상수지가 전체적으로 악화한 것이다. 특히 2023년에는 최근 서비스수지의 개선을 가져왔던 (해운)운송과 관광서비스 부문의 흑자폭이 상당폭 감소할 것으로 예상되며, 따라서 상품 및 서비스수지가 경상수지에 상호 완충하는 효과가 사라질 것으로 예상된다.

[그림 4-3] 경상수지의 변화

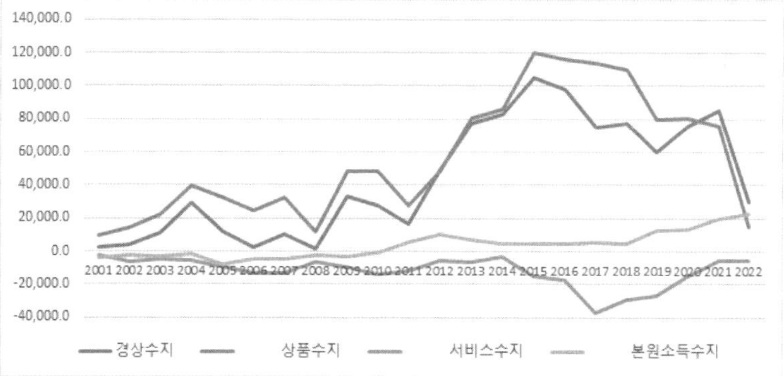

자료: 통계청 자료 활용하여 필자 작성

한국의 세계 수출시장 점유율 역시 감소하는 추세이다. 2017년 이후 한국은 세계 수출시장의 3.3%를 차지한 이후 완만한 하락세를 보였으며 그 결과 2022년에는 2.8%로 최고점 대비 0.5% 포인트 감소하였다. 최근의 수출급감에 따라 2023년의 비중 감소폭이 더 커질 가능성이 크다. 신흥국의 등장에 따라 주요 수출국의 시장점유율 감소는 한편으로는 자연스러운 현상이지만 수출이 한국경제에 갖는 영향력을 감안할 때, 이 역시 장기적으로 불안정 요인임은 분명하다.

[그림 4-4] 주요국의 시장점유율 변화

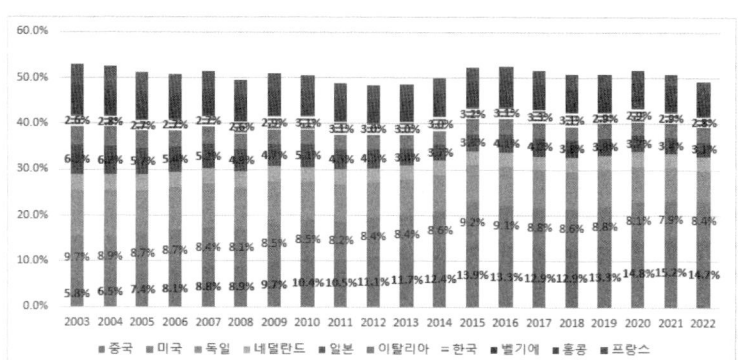

자료: International Trade Center, Trademap 통계 활용하여 필자 작성

이상과 같이 대외부문의 축소균형 양상은 최근 들어 매우 급작스럽게 진행되고 있으나 그 원인을 진단하기는 쉽지 않다. [그림 4-2]의 분기별 무역통계가 보여주듯이 2022년 이후 한국의 대외부문이 빠르게 축소한 반면, 비록 둔화하기는 하였지만 세계무역은 여전히 증가추세를 유지하고 있다. 따라서 최근의 대외부문 축소 원인을 세계경기 요인에서만 찾는 것은 적절치 않아 보인다. 실제로 WTO는 올해 초에 이미 2023년 무역량이 물량기준으로 1.7% 증가할 것으로 전망을 상향한 바 있다. 이러한 증가율이 높다고 할 수는 없지만 적어도 마이너스 성장은 아니라는 점, 그리고 세계무역 증가율 자체가 이미 2000년대 들어 지속적으로 감소하였음을 상기할 필요가 있다. IMF 역시 세계경제 성장률 전망을 상향 조정하고 있다. 2022년의 경우, 중국

과 독일 등 무역대국의 수출이 감소하였지만 한국에 비해 미미한 수준에 그쳤다. 따라서 한국경제 자체의 고유한 원인을 살펴보아야 함을 말해준다.

한국의 수출 부진은 제조업 중심의 산업 및 무역구조, 글로벌공급망에 있어서의 한국의 위치, 반도체 등 수출품목의 편중으로 인한 변동성의 증대 등 다양한 구조적 요인에서 찾을 수 있다. 미-중 갈등 등으로 인한 통상환경의 악화 역시 상당한 영향을 미쳤음은 당연하다. 또한 대외부문의 축소는 당연히 국내의 다양한 거시경제 변수의 변화에 의해서 영향을 받을 수밖에 없다. 최근 수입의 현저한 감소 경향을 이해하기 위해서는 가계부채 등으로 인한 소비의 축소, 금리와 불투명한 경기전망에 따른 투자의 감소 그리고 재정건전화를 기치로 하는 재정정책 기조 변화 등을 종합적으로 고려해야 할 것이다. 무역 규모 그 자체가 감소하고 있는 상황에서 경상수지의 흑자 여부에 초점을 맞추는 것은 구조적 문제를 감추는 결과를 낳을 수 있음도 유의해야 한다.

지역편중성 완화, 품목편중성 강화

대체로 안정적 지표라고 할 수 있는 지역별 무역구조 역시 최근 들어 급격한 변화 양상을 보인다. 주지하듯이, 가장 두드러지는 변화는 대중국 수출 비중인데 2010년 25.1%에서 2023년 6월 현재 17.9%로 급격히 하락하였다. 이러한 변화는 자연스럽게 대미 대일 수출비중을 크게 높이는 결과로 나타나고 있다. 2023년 상반기 대중 수출이 전년비 1/4 이상 감소한 것에 비하여 대미 수출은 전년 수준을 유지하고 대일 수출의 감소폭이 상대적으로 낮은 것이 가장 큰 이유이다. 전반적으로 수출이 부진한 가운데 홍콩과 대만에 대한 수출은 1/3 이상 감소한 것도 눈에 띈다. 수출입 구조의 지역적 다변화 그 자체는 장기적으로 긍정적이다. 그러나 이러한 변화가 지나치게 빠른 속도로 그리고 무역규모의 축소와 함께 진행된다는 점에서 우려된다.

지역별 무역구조의 변화는 당연히 최근의 통상환경에 의하여 영향을 받은 바 클 것으로 추정된다. 그렇지만 그 크기를 산정하는 것은 아직 어려우며, 외교·안보 등 경제외적 변수의 효과는 별도의 논의가 필요할 것이다. 일단은 한국의 품목별 수출구조의 특성이 지역별 구조변화에 미치는 효과가 크다. 우선 한국의 수출이 반도체 디스플레이 석유화학 등 경기에 민감한 중간재에 집중된 특성을 갖고 있다. 반도체 수출의 부진이 총수출 감소의 주된 원인이며, 이는 물량보다는 가격효과에서 기인하기도 한다. 한국은 중국과 베트남 등과 긴밀한 공급사슬을 형성하고 있어 이들 국가의 수출경기에 큰 영향을 받는다. 특히 반도체 등 한국의 주력 수출이 이들 국가와의 국제적 생산분업 관계와 긴밀히 연관되어 있다. 더 근본적으로는 시간이 지날수록 신흥경제권 시장 자체가 한국 제품과의 경쟁관계를 형성해 나갈 것이라는 국제분업구조의 변화가 원인이다. 실제로 중국 소비시장에서 한국제품은 빠른 속도로 중국 자국산 제품으로 대체되고 있다. 일본 산업의 구조변화에 따라 한국산업은 일본 보다 중국과의 경쟁관계에 보다 노정되어 있다. 국제분업구조의 변화의 진행은 제조업 기반의 한국경제가 직면한 도전이다.

[그림 4-5] 수출과 수입의 지역별 비중

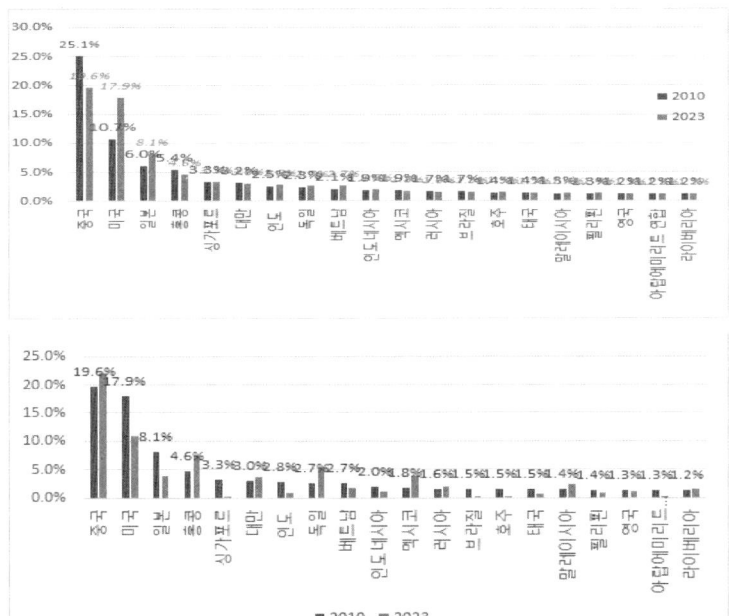

자료: [그림 4-1]과 동일

　　품목별 수출구조의 변화는 일부 품목에의 편중성 강화로 요약된다. <표 4-1>에 따르면, 2001년 상위 10대 수출품의 비중은 55% 수준이었으나 2010년에는 63% 수준으로 증가하였고 2023년 현재 약간 하락하여 58%를 기록하고 있다. 최근의 개선도 반도체 수출의 하락에 기인한다. 상위 3대 품목으로 한정할 경우, 25.5%→29.2%→36.0%로 그 집중도가 더욱 심화하였다. 한마디로 한국의 수출은 반도체와 석유제품 그리고 자동차 수출에 크게 의존하는 구조인 것이다. 물론 지난 20년간 컴퓨터와 의류 그리고 가전제품 등이 10대 수출품목에서 탈락하고 자동차부품, 정밀화학 그리고 무선통신기기가 새로 진입하는 등 일정한 수준의 구조적 변화를 보였다. 이러한 변화는 한편으로는 국내

산업의 고도화를 의미한다는 점에서 긍정적으로 평가될 수 있지만, 일부 품목의 높은 집중도 강화를 동반하고 있다. 크게 봐서는 산업구조 그 자체의 변화라기보다는 주력산업에의 의존도가 더욱 높아졌다고 볼 수도 있다. 이는 제조업 강국으로 특징되는 한국의 산업구조의 안정성에 부정적으로 작용할 가능성이 있다.

〈표 4-1〉 상위 10대 수출품목 구조와 비중

백만불,%		2001	비중	2010	비중	2022	비중
1	반도체	14,259	9.5	반도체	51,464	11.0	반도체	129,229	18.9
2	자동차	13,322	8.9	선박	47,112	10.1	석유제품	62,875	9.2
3	컴퓨터	11,245	7.5	유무선전화기	37,567	8.1	자동차	54,067	7.9
4	선박해양구조물	9,909	6.6	석유제품	31,862	6.8	합성수지	28,078	4.1
5	무선통신기기	9,854	6.6	자동차	31,782	6.8	자동차부품	23,316	3.4
6	석유제품	7,794	5.2	액정디바이스	29,577	6.3	철강판	22,401	3.3
7	합성수지	4,524	3.0	자동차부품	18,963	4.1	평판시스플레이 및 센서	21,299	3.1
8	철강판	4,076	2.7	플라스틱제품	16,462	3.5	정밀화학원료	18,799	2.8
9	의류	3,924	2.6	유무기화합물	14,448	3.1	선박해양구조물	18,178	2.7
10	영상기기	3,519	2.3	가전제품	13,618	2.9	무선통신기기	17,231	2.5
소계		82,426		292,855		395,473	
총 수출		150,439		466,383		683,584	
10 품목 비중		54.8%		62.8%		57.8%	

자료: 한국무역협회 자료 활용하여 필자 작성

대외무역의 안정은 단기적 최우선 과제

한국경제의 규모 확대에 따라 대외부문의 성장기여도가 과거와 같이 높게 유지될 수는 없다. 그러나 최근 주요 선진국 중에서 한국의 경제성장이 상대적으로 부진한 상황 속에서 대외부문의 축소는 경제회복력 확보에 여전히 부담으로 작용하고 있다. 과거에는 주로 대외부문이 경제회복을 이끌었던 양상과 크게 대비된다. 단기적으로 대외부문에 대한 보다 적극적 처방이 필요한 시점으로 판단된다. 최근의 급격한 대외부문의 축소가 일시적 현상으로 끝나지 않을 것이라는 근거가 충분해 보이기 때문이다. 특히 우선 미-중 갈등으로 인한 글로벌공급망의 교란이 한국에 매우 직접적으로 영향을 미치고 있다. 전술한 바와 같이 중화권 경제의 수출 성과가 매우 직접적으로 한국의 중간재 수출과 연계되어 있기 때문이다. 현재 국제통상환경은 과거 반복되었던 보호주의의 등장과는 궤를 달리한다는 인식도 중요하다. 신기술과 산업의 등장과 함께 이들 부문에 대한 새로운 국제질서의 형성과정이 시작된 것으로 보아야 한다. 따라서 경제통상외적 요인의 부정적 효과를 최소화하기 위한 정책과 함께 신통상질서의 형성과정에 보다 적극적인 대응과 참여가 필요하다. 그러나 산업과 통상환경의 변화를 반영하기 위한 새로운 글로벌 가치사슬의 구축은 많은 시간이 걸릴 수밖에 없다. 따라서 최소한 단기적으로는 대안 수출시장의 개척과 중국 이외의 시장에 대한 수출확대에 정책적 자원의 집중이 필요해 보인다.

보다 장기적 관점에서의 대외부문과 국내생산과의 관계는 [그림 4-6]이 요약하고 있다. [그림 4-6]은 2000년을 100으로 두고 수출과 전산업 및 광공업 생산의 변화를 비교한 것이다. 수출은 지난 23년 동안 약 3.7배 성장하였으나 광공업 생산은 2.3배 증가하는 데 그쳤다. 수출과 국내생산과의 괴리는 2000년대 초부터 시작하였으나 2008년 글로벌 금융위기를 겪으면서 본격적으로 진행된 것으로 보인다. 이른바 낙수효과가 소멸되었다고 말하는 이유이다. 물론 글로벌금융위기 직후 대외부문이 국내 실물경제 회복을 주도적으로 이끌었다. 그러나 그 이후 수출과 산업생산 간의 괴리가 확대하는 추세는 완연하다.

[그림 4-6] 수출과 산업생산의 변화

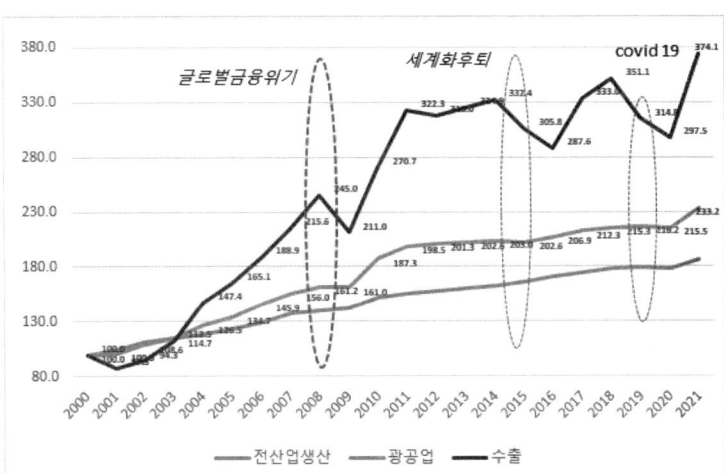

주: 2010=100
자료: 통계청 KOSIS 자료 활용하여 필자 작성

또한 일부 품목에 대한 수출집중도는 수출에 있어서 대기업 집중도를 높이는 결과로 이어지고 있다. 한국은 상위 10대 기업부터 1,000대 기업에 이르기까지 모든 기준에서 주요국보다 높은 대기업 수출집중도를 나타낸다. 일부 수출품목에 대한 의존도의 심화는 결과적으로 중소기업 수출을 내모는(squeeze out) 결과로 이어질 가능성에 대하여 검토가 필요해 보인다.

주목해야 할 부문은 서비스교역이다. 2000년대에 걸쳐 한국의 서비스 수출은 상품수출의 증가를 상회하는 성장을 보였다.

제4장 축소균형 양상의 대외무역 **43**

특히 최근에는 서비스수지가 만성적 적자구조를 상당폭 완화하고 균형에 접근하고 추세이다. 아직은 운송 등 해외경기에 민감한 분야가 가장 큰 비중을 갖고 있지만, 사업서비스·관광 등 분야도 꾸준한 성장세를 보이고 있다. 향후 산업정책 및 통상정책이 서비스교역 부문에 보다 초점을 맞출 필요를 암시한다.

장기적으로 가장 걱정되는 대목은 세계적으로 진행되고 있는 재생에너지 사용의무 정책이다. 이 정책에 대한 찬반의 입장은 중요하지 않다. 이미 유럽을 중심으로 무역정책의 수단으로 사용되기 시작하였기 때문이다. 반면 한국의 산업정책과 재생에너지 관련 정책은 세계적 추세에 오히려 역행하고 있다. 재생에너지는 단순히 에너지 정책이 아니라 산업 및 무역정책의 핵심임을 인식해야 한다. 더구나 이 정책은 단기간에 성과를 기대하기 어렵고 기업들이 자체적으로 해결하는 것도 불가능하다. 빠른 시일 내에 정책의 전환이 이루어지지 않을 경우, 한국의 산업과 무역 전반에 결정적 타격으로 작용할 것임은 거의 분명하다는 위기의식을 공유해야 할 시간이다.

제5장

인플레이션에 통화정책은 유효한가

2000년대 이후 최고치의 물가 상승

2022년 7월 한국경제에서 소비자물가지수 상승률이 6.3%를 기록했다. 직전 달인 6월에는 2008년 글로벌 금융위기 직전 최고 인플레이션 수준이었던 5.9%를 넘어 6.0%를 기록한 뒤였다. 미국은 2022년 6월에 소비자물가지수 상승률이 9.1%에 달했다. 유로지역 소비자물가지수 상승률은 2022년 10월 10.6%였다. 같은 달 독일은 11.6%, 영국은 11.1%의 소비자물가지수 상승률을 기록했다.

이처럼 가파른 물가상승은 세계 주요국 통화정책 당국에 당혹스러운 일이었다. 물가상승의 폭과 지속성이 예상을 넘어섰기 때문이다. 돌아보면 인플레이션의 조짐은 미국의 소비자 물가상승률이 2021년 3월 2%를 넘고 바로 다음 달인 4월에 4%대에 올라선 시점에 나타났다. 유럽은 미국보다 다소 늦은 2021년 10월에 4%대의 소비자물가 상승률을 기록하였으며 우리나라는 2021년 11월에 3.8%의 소비자물가 상승률을 기록하였다.

---

* 집필: 주동헌(한양대학교 ERICA 경제학부)

[그림 5-1] 주요국 소비자 물가상승률 추이

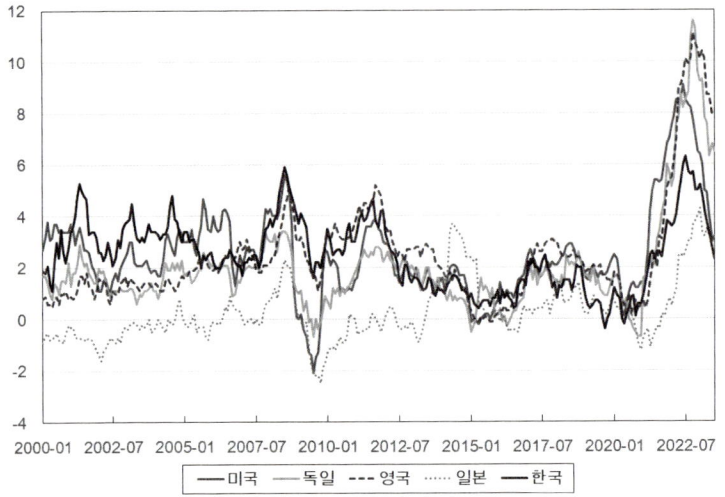

하지만 미국 연방준비위원회는 코로나19에 대응하기 위해 2020년 3월 제로 수준으로 낮추었던 연방기금금리(Federal Fund Rate)를 2022년 3월까지 유지하였고 그해 6월에서야 0%대 금리에서 벗어났다. 앞서 언급한 대로 미국의 소비자물가 상승률이 2000년대 이후 최고치를 기록한 이후였다. 미국 통화 당국이 물가 상승 초기에 적절히 대응하지 못한 데는 두 가지 요인을 들 수 있다. 하나는 물가 상승 원인이 공급 측면에 있어 공급 문제가 해소되면 물가 상승 현상은 일시적일 것이라고 판단한 것이다. 두 번째는 섣부른 금리 인상이 코로나19 이후 경기 회복세에 찬물을 끼얹을 것이라는 우려였다. 이러한 우려는 미 연준이 글로벌 금융위기 이후 상당 기간 제로금리와 양적 완화를 병행하였음에도 미국의 경제회복이 부진했던 경험 탓으로 보인다. 확실한 경기회복을 위해 미 연준은 미래의 일정 시점까지 제로금리 유지를 약속하는 'forward guidance' 정책을 사용하거나 일정 기간의 물가상승률 평균을 정책목표로 함으로써 낮은 물가상승률이 지속된 이후에 일정 수준의 높은 물가상승률을 용인하는 '물가수준 목표제'를 활용하는 모습을 보이기도 했다.

코로나19로 인한 공급망 훼손에 더해 2022년 2월 러시아-우크라이나 전쟁 발발로 곡물, 에너지 및 원자재 가격이 상승하면서 물가상승 폭이 확대됨에 따라 미 연준은 2022년 3월에 제로금리 정책을 포기하였다. 이후 5월에는 0.5%p, 6월, 7월 및 9월에 각각 세 차례 0.75%p의 연방기금금리 인상을 결정하는 등 급속하게 정책 기준 금리를 인상하여 2023년 8월 현재 미국 연방기금금리는 5.5%를 기록하고 있다. 짧은 기간에 급격한 정책금리 인상으로 미국 금융시장은 실리콘밸리 은행 뱅크런 및 파산과 같이 작지 않은 충격과 혼란을 겪기도 하였으나 물가상승률은 점차 둔화하여 2023년 7월 미국의 소비자물가 상승률은 3.2%를 기록하였다.

[그림 5-2] 우리나라 주요 물가상승률 추이

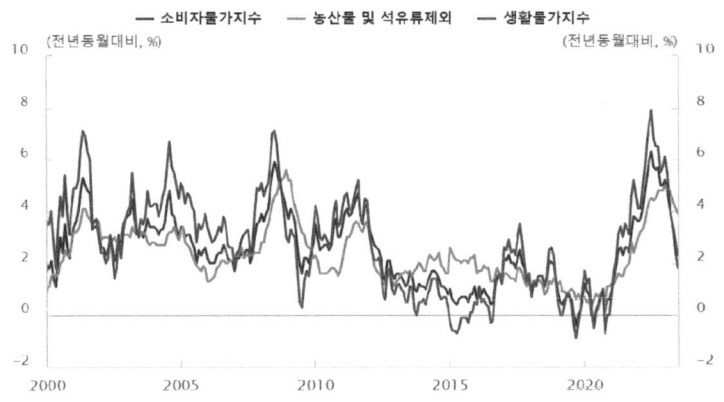

한국의 물가는 최고 물가상승률이 2022년 7월 6.3%에 그치

고 최근 물가상승률은 2023년 7월 2.3%까지 하락하는 등 수치 상으로는 미국에 비해 심각성이 덜해 보이기도 한다. 하지만 식료품, 음식 및 숙박, 교통 등 생활물가지수의 상승률이 높고 (2022년 7월 7.9%), 근원물가지수의 상승률이 최근까지도 4% 내외인 점은 유의할 필요가 있다.

금리, 생산, 물가의 동학적 관계

물가는 언제나 중요한 거시경제변수이다. 가파른 물가상승은 가계에 직접적인 부담으로 작용한다. 하지만 2000년대 이후 한국경제에서 높은 인플레이션이 거시경제 정책의 주요 쟁점이 된 경우는 많지 않다. 2008년 글로벌 금융위기 직전에 높은 물가상승률로 인한 서민 경제 부담 증가로 이른바 MB 물가지수를 만들어 정부가 직접 물가를 관리하고 미 연준이 경기침체에 대응하여 정책금리를 급격하게 인하하는 상황에서도 한국은행이 정책금리를 인상하였던 경우 정도가 있을 것이다.

2010년대 초반에는 한국은행의 물가 목표가 3% 내외였음에도 불구하고 소비자물가 상승률이 1% 내외에 머묾에 따라 2016년부터는 물가 목표를 2%로 낮추었다. 그러나 코로나19가 발생하기 이전까지 1%대의 물가상승률이 지속되면서 2%의 물가 목표도 달성하지 못했다. 한국은행은 글로벌 금융위기 직후 3.25%였던 정책금리를 지속적으로 인하하여 2016년 6월 1.25%까지 낮추었지만, 물가를 목표 수준으로 올리는 것이 쉽지 않았다.

[그림 5-3] 한국은행 물가목표

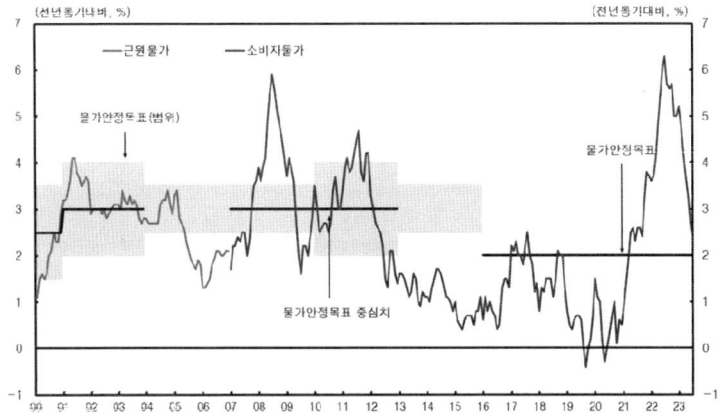

　물가와 금리, 그리고 생산의 동학적 관계는 벡터 자기회귀(Vector Auto Regression, VAR) 모형으로 간단히 살펴볼 수 있다. 그림 4는 미국 정책금리와 미국 주식시장의 불확실성을 외생변수로 하고 GDP, 소비자물가지수, 국내 공급자물가지수, 정책금리를 내생변수로 한 VARX 모형으로부터 구한 충격반응함수(Impulse Response Function, IRF)이다. 공급자물가지수는 VAR 모형에서 금리 인상 충격이 가격을 상승시키는 것으로 나타나는 이른바 '가격 퍼즐' 현상을 제어하기 위해 도입하였다. 모형의 추정은 2001년 1분기에서 2023년 2분기까지의 자료를 사용하였다. GDP와 소비자물가지수는 전년동기대비 증가율 자료를 사용하였다.

[그림 5-4] 생산, 물가, 금리 VARX 모형 충격반응함수

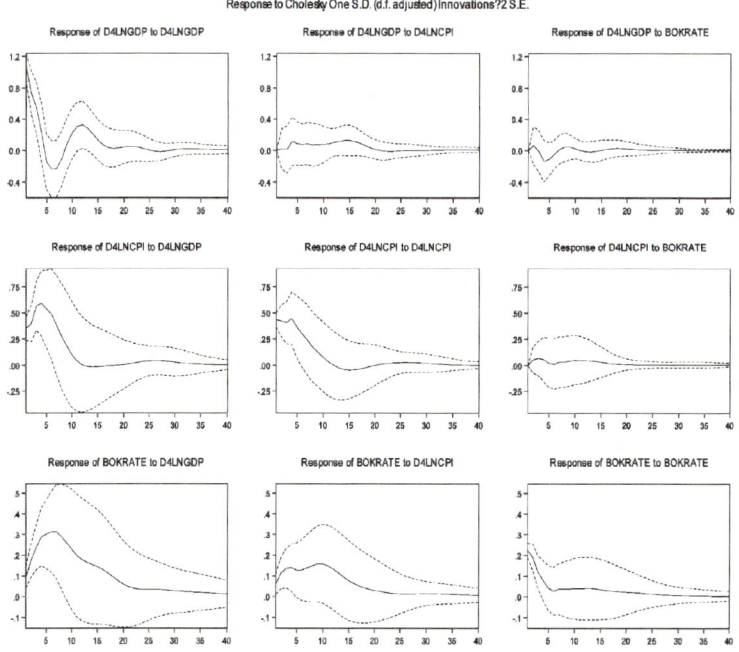

[그림 5-4]에서 생산(GDP), 물가(CPI), 금리(RATE) 변수명 앞의 'D'는 증가율 변수임을, '4'는 4분기전 대비, 즉 전년대비 증가율임을, 'LN'은 원래 변수의 자연로그 값임을 의미한다. [그림 5-4]의 첫 번째 행 첫 번째 열 패널은 GDP 충격이 GDP 자체에 시간에 걸쳐 발생시키는 효과를 보여준다. 통상 GDP 충격은 수요 충격으로 해석된다. 파란 실선은 충격 효과의 크기를 나타내며 붉은 점선은 대략 95% 신뢰구간을 나타낸다. [그림 5-4]의 첫 번째 행 두 번째 열 패널과 첫 번째 행 세 번째 열 패널은 각각 물가 충격과 금리 충격이 GDP에 미치는 영향을 나타낸다. 이로부터 수요 충격은 충격 효과의 신뢰구간이 0을 포함하지 않으므로 GDP에 통계적으로 유의한 정(+)의 영향을 미치는 것을

알 수 있다. 반면 공급 충격으로 해석되는 물가 충격과 통화정책 충격으로 해석되는 금리 충격은 충격 효과의 신뢰구간이 0을 포함하여 GDP에 미치는 영향이 통계적으로 유의하지 않음을 알 수 있다.

VARX 모형의 추정 결과는 몇 가지 의미 있는 사실을 보여 준다. 하나는 [그림 5-4]의 마지막 행에서 보이는 대로 한국은행의 통화정책이 통계적으로 유의하게 이론적 예측과 부합하는 방향으로 생산과 물가 충격에 반응한다는 것이다. 다만 통화정책은 물가보다는 생산에 뚜렷하고 크게 반응하는 모습을 나타낸다. 다른 하나는 [그림 5-4]의 마지막 열에서 보이는 대로 금리 충격에 생산과 물가의 반응이 통계적으로 유의하지 않다는 것이다. 마지막으로 생산 충격은 물가를 통계적으로 유의하게 상승시키지만 물가 충격이 생산에 미치는 영향은 통계적으로 유의하지 않게 나타났다.

또 추정된 VARX 모형으로 과거 물가 변동의 원인을 역사적 분산 분해(Historical Variance Decomposition)를 통해 살펴볼 수 있다. 역사적 분산 분해란 VAR 모형을 구성하는 각 변수의 구조적 충격이 각 변수의 변동에 기여한 크기를 측정하는 방법이다. [그림 5-5]는 2000년대 이후를 대상으로 이와 같은 역사적 분산분해 기법을 사용해 우리나라 경제에서 물가 변동의 원인을 나타낸 것이다. [그림 5-5]에서 막대그래프는 전체 물가 변동의 크기를 나타내며 실선 그래프는 각 충격이 물가 변동에 기여한 크기를 나타낸다. [그림 5-5]의 세 번째 패널을 보면 물가 변동에 통화정책 효과가 2000년대 이후 전반에 걸쳐서 크지 않은 것으로 나타난다. 반면 [그림 5-5]의 첫 번째 패널을 보면 수요 충격이 물가 변동의 상당 부분을 설명하고 있음을 알 수 있다. 특히 글로벌 금융위기 이전부터 코로나19 발생 이전까지의 물가 변동은 수요 측면에 상당히 기인하고 있음을 볼 수 있다. 반면 두 번째 패널을 보면 수요 충격과 더불어 물가 충격, 즉 공급 충격이 코로나19 이후 물가 변동에 가장 크게 기여한 것으로 나타나고 있다.

[그림 5-5] 물가 변동의 역사적 분산 분해

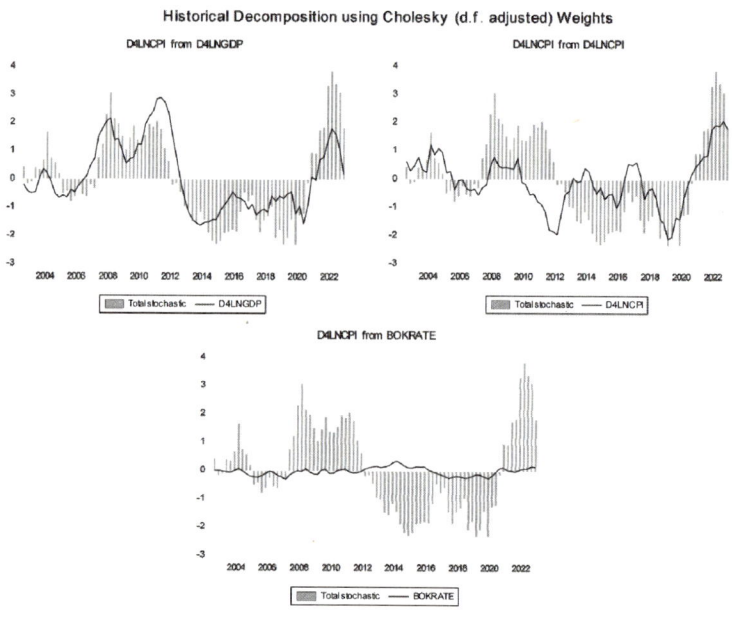

통화정책은 유효한가

코로나19의 충격에서 벗어나는 과정에서 갑작스럽게 나타난 인플레이션은 세계 각국의 통화정책 당국을 적잖이 당황하게 했다. 미국 경제에서는 가파른 금리인상에 따른 국채 가격하락으로 은행이 부실화하면서 이른바 '디지털 뱅크런'이라는 새로운 경제 현상을 경험하기도 했다.

지금에서 돌아보면 한국경제는 표면적으로 인플레이션의 파고를 다른 나라에 비해 무난하게 넘긴 것처럼 보인다. 하지만 전기 및 교통 등 공공요금 인상과 식료품, 음식 및 숙박을 중심으로 생활물가 상승률이 높아 인플레이션의 피해가 경제적 약자에게 가중될 가능성이 크다.

실물경제 둔화가 지속할 것으로 예측되는 상황에서 통화정책을 활용하기 어려운 점도 문제다. 한미 금리차 역전으로 자본유출 우려가 상존하는 상황에서 실물경제 둔화에 대응하여 통화정책을 운용하는 것은 쉽지 않다. 근원 물가상승률이 높은 점도 통화정책으로 실물경제 둔화에 대응하는 것을 어렵게 한다. 최근의 인플레이션이 공급 충격에 크게 기인한다는 점도 통화정책 운용을 크게 제약한다.

이처럼 통화정책 운용이 대내외적으로 제약받고 있는 상황에서 과거 거시경제 변수 간 움직임의 분석 결과는 한국경제에서 통화정책의 유효성이 매우 제한적인 것으로 나타난다. 통화정책의 방향성을 분명히 하고 상충하는 정책 목표에서 나타날 수 있는 문제를 거시경제 정책 간의 협조를 통해 대응하는 노력이 필요하다.

우선 한국은행의 경우 중국 경제 침체 등 대외 충격으로 실물경제 부진이 예견되는 상황에서 금리 정책의 완화적 전환이 어렵다면 산업구조를 개선하는 방향으로 금융중개지원대출을 확대하는 방안을 생각해 볼 수 있다. 또한 최근 가계 및 기업에 대한 신용 증가세 확대에 대해서도 금리 인상으로 대응하기 어려운 점을 감안하여 금융감독 당국이 금융안정 차원에서 적절히 대응할 필요가 있다. 한편 대내적으로 정부 지출 축소가 경기 부진의 한 원인으로 지목되고 있는 것은 우려스러운 일이다. 정부가 경기 상황에 대응하는 재정정책 기조의 전환을 적극적으로 고려해야 할 것이다.

제6장
국내외 금리역전과 통화정책의 선택

2000년 이후 국내외 금리 추이

금리는 중앙은행의 정책적 판단에 의해 결정되는 정책금리와 시장의 수요와 공급에 의해 결정되는 시장금리로 나누어 생각해 볼 수 있다. 정책금리는 중앙은행이 경기, 물가 및 금융시장 상황 등을 종합적으로 고려하여 결정한다. 한편 시장금리는 국채, 회사채 등의 금융자산에 투자함으로써 얻게 되는 수익을 자산의 매입가격으로 나누어 계산할 수 있다. 중앙은행이 정책금리를 조정하게 되면 금융기관 간 또는 금융기관과 가계·기업 간의 자금거래에 적용되는 단기 시장금리가 달라지고 이는 장기 시장금리에도 영향을 미치게 된다. 이와 같은 메커니즘이 작동하는 이유는 금융시장 참가자들의 금리 차이를 이용한 재정거래(arbitrage transaction) 유인이 항상 존재하기 때문이다. 장기 시장금리의 경우 정책금리와 단기 시장금리 이외에도 경기 및 물가 전망, 은행의 영업전략 등의 영향도 받을 수 있기 때문에 중앙은행의 정책금리 조정과 다른 움직임을 보일 수 있다.

2000년 이후 국내외 금리 추이를 살펴보기 위해 한국, 미국,

---

* 집필: 정용국(서울시립대 경제학부)

일본의 정책금리와 장기 시장금리 수준을 살펴보았다. 각국의 정책금리로는 한국은행 기준금리, 미국 연방기금금리(Federal Funds rate) 목표치, 일본은행 기준금리를 사용하였다. 장기금리 수준으로는 각국의 10년물 국채 수익률이 사용되었다.

[그림 6-1] 주요국의 정책금리 추이

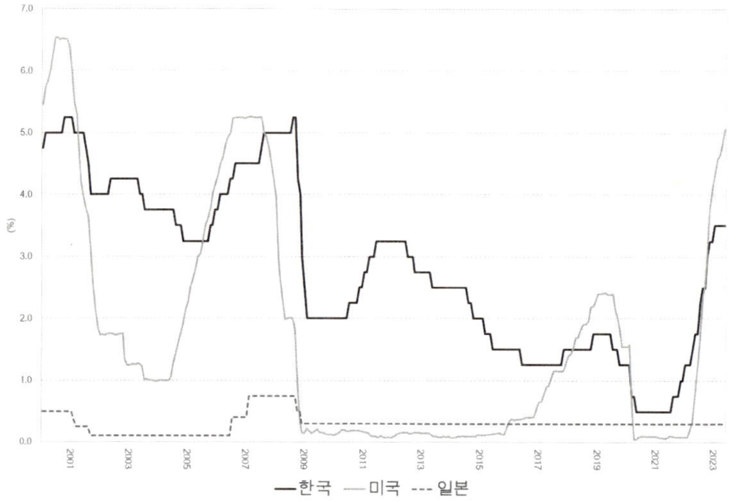

자료: https://fred.stlouisfed.org/

[그림 6-1]은 각국의 정책금리의 추이를 보여주고 있다. 미 연준은 2000년부터 2001년까지 6%를 상회하던 연방기금금리 목표치를 경기회복을 위해 2003년 6월에 1958년 이래 최저수준인 1%로 인하하였다. 경기 회복세와 물가 상승세가 뚜렷해지자 2004년부터 연방기금금리 목표치는 가파르게 상승하여 2006년 8월에는 5%를 상회하는 수준에 이르렀다. 이후 금융위기의 발생으로 인해 미 연준은 정책금리를 사상 최저수준으로 내리고 유동성을 확대 공급하면서 연방기금금리는 0% 수준에

이르게 된다. 2017년부터 2019년까지는 미국의 정책금리가 지속적으로 상승하여 2.5% 수준에까지 이르렀으나 팬데믹의 발발에 따른 확장적 통화정책으로 인해 미국의 정책금리가 다시 0%대로 낮아졌다. 그러나 총수요 진작을 위한 확장적 통화 및 재정정책의 결과 인플레이션 압력이 높아지자 2022년 하반기부터 연방기금금리의 급격한 상승이 시작되어 2023년 5월 현재 5%를 상회하고 있다. 한국의 경우 2000년 이후 총 세 번의 기준금리 인상기가 있었다. 2005년 10월 시작된 기준금리 인상은 5%대의 경제성장이 지속되는 가운데, 물가상승 압력과 주택가격 상승 및 가계부채 증가에 대응하기 위해 약 2년간 이루어졌다. 이후 2010년 7월에는 2008년 미국발 금융위기가 종식된 이후 나타난 경기회복 및 물가상승 압력에 대응하기 위해 약 1년간 총 125bp의 기준금리 인상이 단행되었다. 2017년 11월에는 서울을 중심으로 한 주택가격 상승과 가계부채 증가를 억제하기 위해 1년간 50bp의 기준금리가 인상되었다. 이후 팬데믹의 발생과 함께 1% 이하로 하락했던 한국의 정책금리는 2021년부터 다시 상승하는 양상을 보이고 있다. 일본은행의 기준금리는 약간의 등락은 있으나 1% 미만의 수준이 모든 기간 동안 유지되고 있다.

〈표 6-1〉 각국 정책금리 간의 상관계수

	한국	미국	일본
한국	1.00		
미국	0.68	1.00	
일본	0.23	0.32	1.00

각국 정책금리 간의 동조성을 살펴보기 위해 2000년 이후 3국 정책금리 간 상관계수(correlation coefficient)를 계산한 결과는 〈표 6-1〉에 정리되어 있다. 한국과 미국의 정책금리 간 상관계수는 0.68로 상당히 높은 동조성을 보이는 반면, 일본의 기준금리는 한국 및 미국의 정책금리와 각각 0.23, 0.32의 상관계수를 나타냄으로써 관찰대상이 되는 모든 기간 동안 경기침체를 겪은 바 있는 일본은행은 여타 국가의 중앙은행과 구별되는 통화정책을 수행하였음을 알 수 있다.

[그림 6-2] 주요국의 10년물 국채 수익률 추이

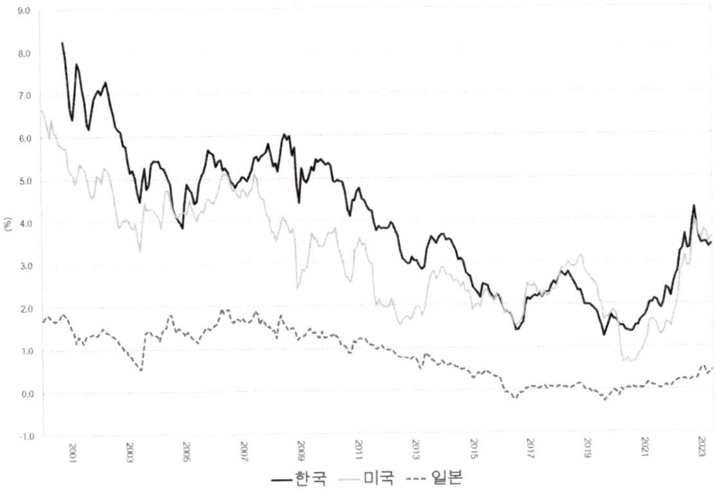

자료: https://fred.stlouisfed.org/

[그림 6-2]는 각국의 10년물 국채 수익률 추이를 보여주고 있다. 한국과 미국의 국채 수익률은 2000년대 초반 이후 높은 수준을 유지하고 있다가 2000년대 중반에 낮아지는 양상을 보인 후 2005년을 전후하여 다시 상승하는 움직임을 보이고 있다.

미국의 경우 2000년대 중반 이후 장기 시장금리의 상승은 높은 물가상승률에 대해 미 연준의 연방기금금리 목표를 상향 조정한 데 주로 기인하는 것으로 보인다. 한편 한국의 경우에는 2005년 이후 경기회복 기대, 부동산가격 상승에 대응한 콜금리 목표 인상 가능성 등의 영향으로 장기 시장금리가 크게 상승하는 양상을 나타내었다. 미국발 금융위기를 전후하여 확장적 통화정책의 여파로 한국과 미국의 장기금리는 2016년까지 대체로 하락하는 움직임을 보였다. 2017년 이후 미국의 장기금리는 경제지표 개선, 연준의 금리인상 기대 등으로 상승세를 나타내었다가 미·중 무역 갈등, 팬데믹의 발생에 따른 완화적 통화정책 지속 기대 등으로 하락하였다. 이후 장기금리는 긴축적 통화정책의 강화에 따라 급격한 상승세를 보인 바 있다. 한국의 장기금리는 대체로 미국에 비해 높은 수준을 유지하고 있으나 2018-2019년, 그리고 2022-2023년 중 미국의 10년물 국채 금리가 한국의 수준을 능가하는 이른바 내외금리차 역전 현상이 나타난 바 있다. 일본의 장기 시장금리는 안정적인 수준을 유지하고 있지만, 등락의 양상은 한국 및 미국의 장기 시장금리와 유사한 형태를 보이고 있다.

〈표 6-2〉 각국 10년물 국채 수익률 간의 상관계수

	한국	미국	일본
한국	1.00		
미국	0.88	1.00	
일본	0.88	0.81	1.00

〈표 6-2〉는 각국의 장기 시장금리 간 상관계수를 보여주고

있다. 〈표 6-1〉에서 국가별 정책금리 간의 상관계수 최대치가 0.68이었음을 감안하면, 국채 수익률의 상관계수는 모든 조합에서 0.8이상의 규모를 나타내고 있다. 이는 정책금리의 동조화가 상대적으로 약한 반면, 장기 시장금리의 동조성은 상대적으로 강함을 시사한다. 만일 명목환율이 안정적인 움직임을 보인다면 일국의 시장금리에 변동이 발생할 경우, 금리차를 이용한 재정거래를 통한 이윤의 획득 가능성이 높아지기 때문에 정책금리에 비해 장기 시장금리의 동조성이 강해진다고 이해할 수 있다.

〈표 6-3〉 정책금리와 장기 시장금리 간의 상관계수

한국	미국	일본
0.86	0.76	0.14

〈표 6-3〉은 각국의 정책금리와 장기 시장금리 간의 상관계수를 나타낸다. 한국과 미국의 경우 각각 0.86과 0.76으로 정책금리와 장기 국채수익률 간에 동조성이 높은 것으로 나타난 반면, 일본의 경우 정책금리의 경직성으로 인해 동 상관계수가 0.14에 머무르고 있다.

국내외 금리차 역전과 통화당국의 선택

2015년 이후 지속되어 온 저금리 기조에 더하여 팬데믹에 대응하기 위한 확장적 통화 및 재정정책은 시중 유동성을 증가시켜 자산가격을 상승시키고 가계로 하여금 과도한 차입을 조장하는 부작용을 유발하였다. 가장 널리 사용되는 통화지표인 M2는 2021년까지 지속적으로 증가하여 10%를 상회하는 높은 증가율을 보인 바 있다. 이와 같은 급격한 통화증가율은 소득증가가 아닌 민간신용 증가에 기인하는 것으로 보인다.

　확장적 통화 및 재정정책은 자산가격의 뿐만 아니라 물가도 자극하여 2022년 중 소비자물가 상승률이 6%를 초과하는 수준에 이른 바 있다. 최근 들어 인플레이션율은 안정세를 보이고 있지만 향후 곡물 및 원자재 가격 급등과 같은 추가적인 충격이 물가상승을 자극할 가능성도 존재한다.

　한국의 국내총생산 대비 가계부채 비율을 살펴보면 2022년 말 현재 100%를 초과하는 수준을 나타내어 적정 비율로 알려진 80%를 큰 폭으로 상회하고 있다. 특히, 경기의 둔화로 가계신용 연체율이 증가하고 있으며 취약차주 비중의 확대로 대출의 건전성이 악화되고 있다. 한편 기업신용은 이자 지급능력의 약화로 연체율이 증가하였고 특히 부동산 프로젝트 파이낸싱(PF) 대출이 부실화되었다. 이와 같이 주택담보대출을 중심으로 가계부채의 누적 때문에 일반 물가수준과 자산가격이 상승하는 양상을 보임에도 우리나라의 경우 금리 상승의 여지가 크지 않다.

　팬데믹 이후 실시된 확장적 통화 및 재정정책으로 인해 전 세계적으로 수요측면에서 인플레이션 압력이 누적되었다. 이에 한국은행은 2021년부터 디스인플레이션을 위한 금리 인상을 단행한 바 있다. 하지만 미 연준의 이른바 자이언트 스텝이라 불리는 급격한 정책금리 인상으로 인해 2022년 9월부터는 미국의 연방기금금리 목표치가 한국의 기준금리를 초과하여 2023년 5월 현재 1.6%p의 국내외 금리차 역전 현상이 나타나고 있다. 시장금리는 정책금리와 매우 높은 상관관계를 갖고 움직이므로 한-미 간의 정책금리차 역전 현상은 한국에 투자한 외국인 증권투자자금(주식 및 채권자금)의 대규모 유출을 유발할 수 있다. 예를 들어 달러화로 자금을 차입하여 한국 채권시장에 투자하는 외국인의 경우 국내외 금리차가 역전되면 미국 시장금리(차입 금리)가 한국 금리(수익률)보다 높아져 손실을 볼 가능성이 높아지므로 자금이 유출될 가능성이 있다. 추가적으로 외국인 증권투자 자금 유출에 따라 원화의 평가절하가 발생한다면 채권시장에 투자한 자금을 미 달러화로 환전할 때 환차손이 발생할 가능성도 있으므로 자금 유출이 가속화될 수 있다. 주식시장의 경우 국내외 금리차 역전이 미치는 영향이 채권시장에 비해 제한적이나 환차손 가능성, 위험회피 심리 등이 부정적 영향을 미칠 수 있다.

이와 같은 국내외 금리차 역전이 한국경제에 어떠한 영향을 미쳤는지에 대한 과거 사례를 살펴보면 한-미간 정책금리가 역전된 기간에 외국인 증권투자자금은 오히려 순유입된 바 있음을 발견할 수 있다. 2005-2007년과 2018-2020년 중 내외 정책금리차가 역전된 기간 동안 증권자금 유출입은 각각 +305억 달러 및 +403억 달러로 순유입을 기록한 바 있다.

[그림 6-3] 내외금리차와 외국인 증권투자자금 추이

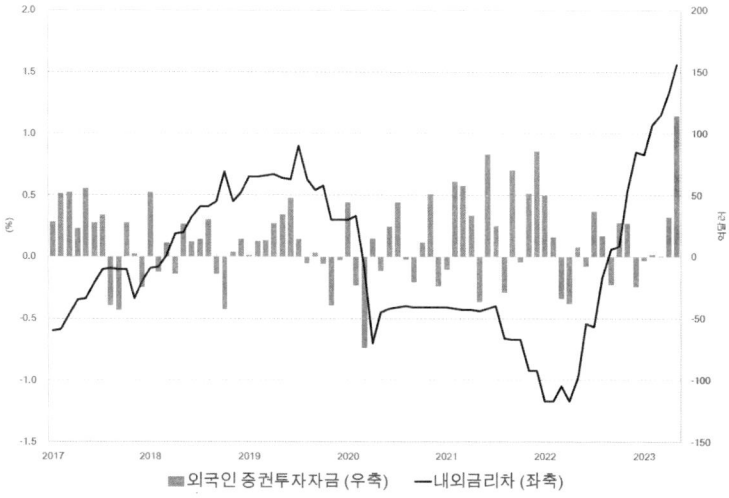

자료: 한국은행, 통화신용정책 보고서, 각호. 국제금융·외환시장 동향, 각호.

[그림 6-3]은 2017년 이후 국내외 금리차 및 외국인 증권투자자금의 유출입 추이를 보여주고 있다. 국내외 금리차가 확대된 2022년 9월 이후 외국인 증권투자자금은 유입과 유출이 혼합된 양상을 보였으며 최근 들어서는 유입이 유출을 초과하는 양상을 보이고 있다. 그 이유는 외국인 증권투자자금이 내외금리차 이외에도 국내 경제 상황, 국제금융시장 여건, 투자자의 투자전략 등 다양한 요인에 의해 결정되기 때문이다. 국내외 금리차가 역전될 경우에도 한국기업의 실적이 양호할 것으로 예상되거나 한국 채권이 신용등급에 비해 높은 수익률을 제공한다면 외국인 증권투자자금은 유입될 수 있다. 이른바 외국인으로 구분되는 투자자는 투자회사, 헤지펀드, 중앙은행, 상업은행 등 다양한 기관으로 구성된다. 따라서 투자자별로 국내외 금리차 수준에 반응하는 형태가 달라질 가능성이 높다.

예를 들어 미국발 금융위기 당시에 상업은행의 채권자금이나 헤지펀드의 주식자금은 유출이 대세를 보인 반면, 중앙은행의 채권자금이나 국부펀드의 주식자금은 오히려 유입된 바 있다. 따라서 한-미 정책금리의 역전에도 불구하고 한국 내 외국인 증권투자자금이 대규모로 유출될 가능성은 크지 않다고 할 수 있다. 하지만 미 연준의 긴축 강화, 러-우 전쟁의 확대, 중국의 경기침체 심화 등 예상치 못한 충격이 발생하여 국제금융시장 여건이 악화된다면, 대부분의 신흥국은 물론 한국에서도 외국인 증권투자자금의 대규모 유출이 발생할 가능성은 여전히 존재한다.

이와 같은 국내외 금리차 발생에 대해 미국의 정책금리와 동조성을 높여야 한다는 주장이 있는 반면, 한국의 거시경제 여건을 우선 고려해야 한다는 주장도 상존한다. 이에 대해 정규철(2022)은 소규모 개방경제 뉴케인지언 일반균형 모형을 설정하여 미국 금리인상이 한국경제에 미치는 영향을 분석한 바 있다.[1] 미국 통화정책에 충격이 발생할 경우 한국의 정책 대안으로는 (1) 독립적 통화정책과 (2) 금리 동조화 정책으로 나누어 분석하였다. 분석결과 미국의 금리인상 충격이 발생할 때 미국과 정책금리를 동조화하는 정책을 도입할 경우 우리 경제에 경기 둔화가 그대로 파급되는 반면, 독립적인 통화정책을 수행할 경우 일시적인 물가상승 이외에는 큰 영향을 받지 않는 것으로 나타났다. 미국의 금리에 기계적으로 동조하는 정책보다는 국내 거시경제 여건에 따라 독립적으로 통화정책을 수행하는 것이 사회 후생의 관점에서 보다 바람직한 것으로 결론을 내리고 있다.

---

[1] 정규철. (2022). "미국의 금리인상과 한국의 정책대응". KDI 경제전망, 2022 상반기.

기준금리 선택의 여지는 많지 않다

2015년 이후 지속되어 온 저금리 기조에 더하여 팬데믹에 대응하기 위한 확장적 통화 및 재정정책은 시중 유동성을 증가시켜 자산가격을 상승시키고 가계로 하여금 과도한 차입을 조장하는 부작용을 유발하였다. 뿐만 아니라 2022년 중 소비자물가 상승률이 6%를 초과하는 수준에 이르는 등 인플레이션 압력도 대폭 강화되었다. 물가안정이라는 1차적 목표 이외에도 고용과 성장 및 금융시장의 안정이라는 다양한 목표를 추구해야 하는 한국은행에게 수많은 제약조건하에서 최적의 금리 수준을 선택하는 일은 손쉬운 임무가 아니다.

팬데믹 이후 지속된 확장적 통화 및 재정정책으로 인해 전세계적으로 수요측면에서 인플레이션 압력이 누적되어 한국은행은 2021년부터 선제적으로 금리 인상을 단행한 바 있다. 하지만 미 연준의 급격한 정책금리 인상으로 인해 2022년 9월부터는 미국의 연방기금금리 목표치가 한국의 기준금리를 초과하여 2023년 5월 현재 1.6%p의 국내외 금리차 역전 현상이 나타나고 있다. 이와 같은 내외금리차 역전 현상은 한국에 투자한 외국인 증권자금의 대규모 유출을 유발할 수 있는 심각한 도전으로 인식된다.

국내외 금리차 역전이 한국경제에 미치는 영향을 과거의 사례 및 최근 외국인 증권자금 유출입 동향 등을 통해 검토해 본 결과 위험요인으로 작용할 가능성은 높지 않은 것으로 판단된다. 거시경제모형을 이용한 분석결과에서도 미국의 통화정책에 기계적 동조성을 보이는 것보다는 한국의 거시경제 여건에 따라 독립적으로 통화정책을 수행하는 것이 사회 후생의 관점에서 더 바람직한 것으로 나타나고 있다. 특히 2022년 말 현재 국내총생산의 100%를 초과하는 수준을 기록하고 있는 가계부채는 한국의 금융제도의 큰 뇌관으로 인식될 수밖에 없다. 만일 미국의 금리인상 추세에 맞춰 국내외 금리차 역전 규모를 줄이기 위해 더 긴축적인 통화정책을 수행한다고 할 경우, 은행의 부실화와 금융시스템의 불확실성이 급속히 증가하여 외환의 대규모 유출이 발생할 가능성이 높다. 지난 수년간 지속된 경상수지 흑자의 영향으로 대규모의 외환보유액을 축적하였음에도 불구하고 한국 금융시스템의 불안에 따른 외환의 급격한 유출은 우리가 상정할 수 있는 최악의 상황(worst case scenario)이라고 할 수 있다. 따라서 외국인 채권투자자금의 일부 유출과 원화 평가절하에 따른 수입물가의 상승 위험에도 불구하고 한국은행이 원위치 고수(stay put) 전략을 선택하는 것은 차선의 선택이라고 평가된다.

그럼에도 미 연준의 긴축 강화, 러-우 전쟁의 확대, 중국의 경기침체 심화 등 예상치 못한 충격이 발생하여 국제금융시장 여건이 악화된다면 대부분의 신흥국은 물론 한국 내 외국인 증권투자자금이 대규모로 유출될 가능성은 여전히 존재하므로 국내외 거시경제 여건에 대해 예의주시할 뿐만 아니라 다양한 가상의 시나리오에 근거한 치밀한 거시경제 분석이 이루어질 필요가 있다.

제2부

주요 부문별 지표로 본 한국경제

제7장
개선된 소득불평등, 악화된 자산불평등

개선되었지만 여전히 높은 불평등 지표

오랜 기간 뒷순위로 밀려있었던 불평등은 2014년 피케티의 『21세기 자본』 출판을 계기로 연구자 및 정책 담당자의 중심 과제로 자리매김하였다. 경제성장이 얼마나 그리고 어떻게 성과를 내었는지에 대한 연구도 중요하지만, 경제성장을 통해 만들어진 과실이 경제 구성원에게 어떻게 배분되는지도 점점 더 많은 사람이 질문을 던지고 있다. 그럼에도 경제성장에 대한 통계는 GDP 등 국민소득체계에서 볼 수 있듯이 방대하고 장기간에 걸쳐서 구축된 반면, 분배에 대한 통계 구축과 연구는 사실상 걸음마 단계에 불과하다고 평가할 수 있다.

지니계수(Gini coefficient)는 전 구간의 소득분위를 포괄하는 대표적인 소득불평등 지표라고 할 수 있다. 지니계수는 완전한 평등의 경우 0의 값을 가지며 완전한 불평등이면 1 또는 100%의 값을 가지는 지수이다. 현재 한국에서 공식적으로 발표하고 있는 지니계수는 매년 공표하고 있는 가계금융복지조사 패널에 기초하여 측정한 값이다. 해당 값은 OECD 통계에 수록된

---
* 집필: 손종칠(한국외대 경제학부)

한국의 공식 지니계수이며 2011년부터 2021년까지 연도별 시계열을 살펴볼 수 있다. 지니계수는 시장소득과 가처분소득의 두 기준으로 측정될 수 있다. 우선 세전소득으로 측정되는 시장소득은 근로소득, 사업소득, 재산소득 및 사적 이전소득으로 구성된다. 가처분소득 기준은 세후소득을 의미하여 시장소득에 정부의 재분배 정책에 따른 공적 이전소득을 더하고 세금과 사회기여금 등의 공적 이전지출을 차감하게 된다.

[그림 7-1] 한국 공표 지니계수 추이

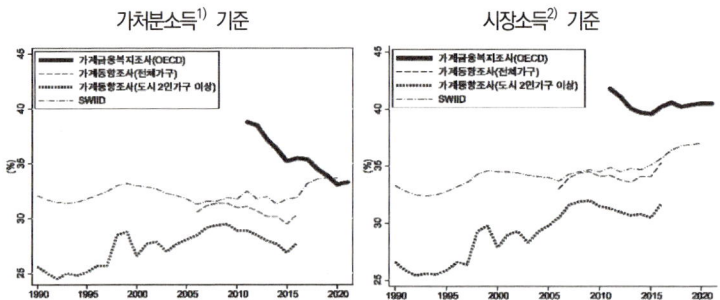

주: 1) 세전소득 기준으로 근로소득, 사업소득, 재산소득 및 사적 이전소득으로 구성된다.
2) 세후소득 기준으로 시장소득에 공적 이전소득을 더하고 공적 이전지출을 차감한다.
자료 : 통계청 KOSIS; Solt(2020) SWIID version 9.5

[그림 7-1]의 왼쪽 패널을 살펴보면, 가계금융복지조사의 가처분소득(disposable income) 기준 지니계수의 경우, 2011년 이후 뚜렷한 하향 추세를 보이고 있다. 2011년 이전의 경우는 통계청에서 공표했던 가계동향조사 기준 지니계수를 통해서 대략적인 추세를 살펴볼 수 있다. 1990년에서 2016년까지 장기간의 시계열이 있는 가계동향조사(도시 2인 가구 이상)의 추세를 살펴보면, 소득불평등은 1990년 이후 2010년까지 지속적으로 상승해왔다는 것을 알 수 있다. 특히 1997년 외환위기의 영

향이 컸던 1998~1999년에는 해당 지니계수가 급격히 상승한 것을 확인할 수 있다. 소득 수준이 상대적으로 열악한 농촌 가구와 1인 가구를 포함한 전체 가구 기준 가계동향조사의 지니계수도 유사한 흐름을 보이고 있다. 도시 2인 가구 기준 가계동향조사 지니계수와 비교하면 전체 가구 대상 가계동향조사 지니계수의 수준이 높다는 것을 알 수 있다. 해당 지수는 2006~2016년까지만 자료 이용이 가능하다.

국가 간 비교가 가능한 OECD의 지니계수 구축 방식에 따라 측정한 가계금융복지조사의 지니계수는 수준에서는 가계동향조사 지니계수보다 더 크다는 것을 알 수 있다. 한편 SWIID(Standardized World Income Inequality Data) 통계의 경우 각 나라에서 이용 가능한 모든 지니계수를 기초로 하여 LIS(Luxembourg Income Study)에서 공표하고 있는 지니계수와 통계적 연관성을 추정하고, 추정된 통계적 연관성을 활용하여 각 국가의 이용 가능한 최대치의 지니계수를 구축하고 있다. [그림 7-1]의 왼쪽 패널을 살펴보면 SWIID 기준 한국 지니계수의 경우 대체로 가계동향조사의 추세를 따라가다가 해당 지표의 이용이 불가능한 2017년 이후에는 가계금융복지조사의 지니계수 추세를 따라가려는 모습을 보이고 있다.

[그림 7-1]의 오른쪽 패널에는 시장소득 기준의 지니계수를 살펴볼 수 있다. 왼쪽 패널과 비교하여 정부의 재정지출 등 소득재분배 정책이 실행되기 전의 소득 기준이기 때문에 가처분소득 기준과 비교하여 지니계수의 수준이 높다는 것을 알 수 있다. 한편 시장소득 기준의 지니계수 추세를 살펴보면, 가처분소득 기준과 달리 2010년 이후의 뚜렷한 하향 추세가 나타나지 않았다. 특히 2015년 이후에는 대체로 정체되거나 오히려 시장소득 기

준의 지니계수는 다소 높아진 모습이다. 요약하자면 시장소득 기준의 근원적인 소득불평등은 2015년 이후 크게 개선되지는 않았다. 하지만 2010년 이후 보수 및 진보 정부 등의 적극적인 소득재분배 정책 효과로 가처분소득 기준 소득불평등은 완화되는 흐름을 보였다고 평가할 수 있다.

[그림 7-2]에서 볼 수 있듯이 한국의 가처분소득 기준 지니계수는 2010년 이후 꾸준히 낮아졌음에도 불구하고, OECD 국가와 비교해 보면 여전히 중상위권의 높은 수준을 유지하고 있다. OECD 33개 국가 중 우리나라보다 높은 지니계수를 보이는 나라는 칠레, 멕시코, 터키, 미국, 리투아니아, 영국, 이스라엘, 일본 등 8개 국가인 것으로 나타났다.

[표 7-2] 가처분소득 기준 지니계수: OECD 국가 비교

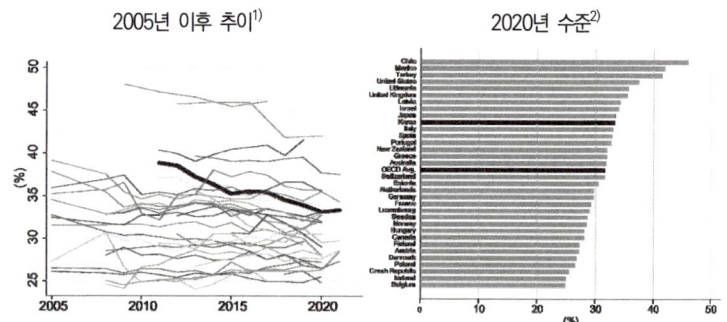

주: 1) 33개 OECD 국가의 OECD Stat 통계 기준이며 굵은 선이 우리나라를 의미한다.
  2) 대부분 2020년 기준이며, 검은 선이 우리나라와 OECD 국가의 평균을 의미한다.
자료 : OECD Stats

시장소득 기준으로 OECD 국가 그룹과 비교해 보면, [그림 7-3]에서 볼 수 있듯이, 한국의 지니계수는 스위스 및 아이슬란드와 함께 매우 낮은 그룹에 속하는 것으로 나타났다. 대부분 국

가에서 시장 기준 지니계수와 가처분소득 지니계수 순위에서 큰 변화가 없는 것으로 나타난 가운데 한국과 멕시코의 경우 시장소득 지니계수의 경우 각각 3위와 5위로 낮은 수준을 보였지만, 가처분소득 기준 지니계수는 22위와 32위로 순위가 오르면서 가장 크게 변동을 보이는 것으로 나타났다.

[표 7-3] 시장소득 기준 지니계수: OECD 국가 비교

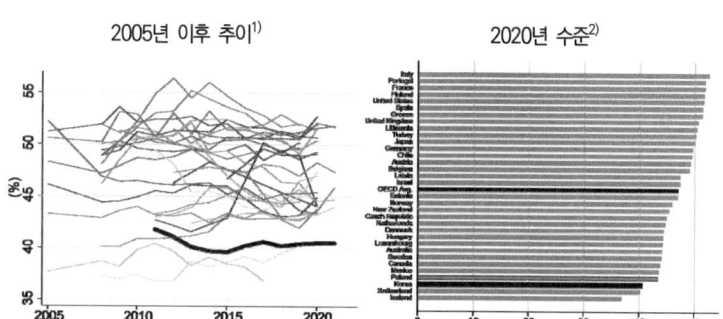

주 : 1) 33개 OECD 국가의 OECD Stat 통계 기준이며 굵은선이 우리나라를 의미한다.
　　2) 대부분 2020년 기준이며, 검은선이 우리나라와 OECD 국가의 평균을 의미한다.
자료 : OECD Stats

실제 정부의 재분배 정책 효과가 반영되는 가처분소득 지니계수와 해당 효과가 반영되기 이전의 시장소득 지니계수 간의 변화율을 측정해 보았다. [그림 7-4]에서 볼 수 있듯이, 한국의 정책 효과는 멕시코, 칠레, 터키 국가와 함께 20% 이내인 것으로 나타나 상대적으로 불평등 완화 효과가 작았다. 한편 정부의 재분배 정책에 따른 OECD 국가의 평균적인 불평등 완화 효과는 32.9%로서 OECD 국가의 경우 정부의 재분배 정책을 통해 시장소득에 따른 불평등을 1/3 가까이 줄이는 것으로 평가할 수 있다.

[그림 7-4] 정부 소득재분배 정책의 효과 크기[1)2)]: OECD 국가 비교

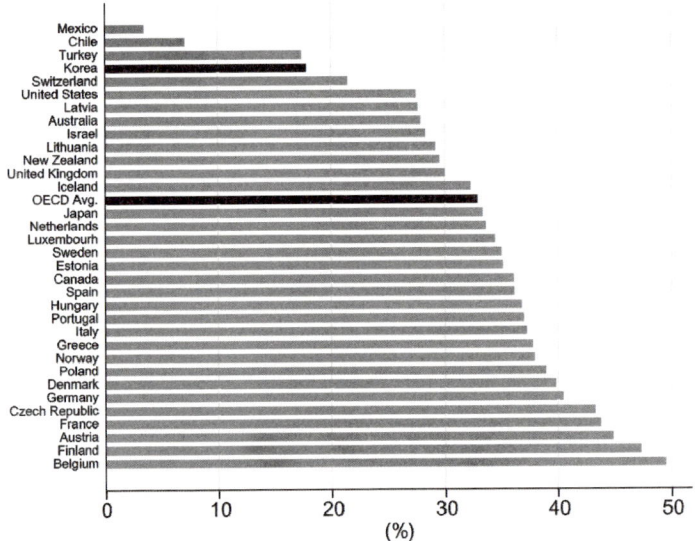

주: 1) (시장소득 지니계수 - 가처분소득 지니계수)/시장소득 지니계수로 측정하였다.
2) 검은선이 우리나라와 OECD 국가의 평균을 의미한다.
자료 : OECD Stats

높아가는 최상위층의 소득비중

지니계수 외 소득불평등 지표로는 World Inequality Database(WID)에서 제공하고 있는 소득 상위 1% 및 10%의 점유 비율을 살펴볼 수 있다. 해당 지표는 조세 자료에 기초하고 있어 세전소득 기준이며 지니계수와 같은 가구 단위가 아니라 20살 이상의 개인 단위로 구축된 통계이다.[*1]

[그림 7-5]의 왼쪽 패널에서 볼 수 있듯이, OECD 국가의

[*1] Solt, Frederick. (2020). Measuring Income Inequality Across Countries and Over Time: The Standardized World Income Inequality Database. *Social Science Quarterly*, 101(3):1183-1199. SWIID Version 9.5, June 2023.

소득 상위 1%의 점유 비율은 1980년까지 대체로 하향 추세를 보이다가 이후 상승 추세로 전환되었다는 것을 확인할 수 있다. 한국의 경우도 2010년 이후 대체로 상승 추세를 보이고 있으며 OECD 평균 근방에 있다고 평가할 수 있다. [그림 7-5]의 오른쪽 패널에서 2021년 기준 소득 상위 1%의 점유율 순위를 살펴보면, 멕시코, 칠레, 미국 및 터키 4개 국가의 비중이 OECD 평균 대비 매우 높다는 것을 확인할 수 있다. OECD 국가 전체의 소득 상위 10%의 점유 비율도 소득 상위 1%의 점유 비율과 유사한 추세를 보이는 것으로 나타났다. 이처럼 1980년 이후 소득불평등도가 세계적으로 높아진 데에는 자본시장의 자유화, 세계 무역의 확장, 숙련 노동에 유리한 기술 진보, 금융 산업에 대한 규제 완화, 노동조합 협상력의 약화 등 복합적인 요인이 작용하는 것으로 분석되고 있다.

[그림 7-5] 소득 상위 1%의 점유 비율: OECD 국가 비교

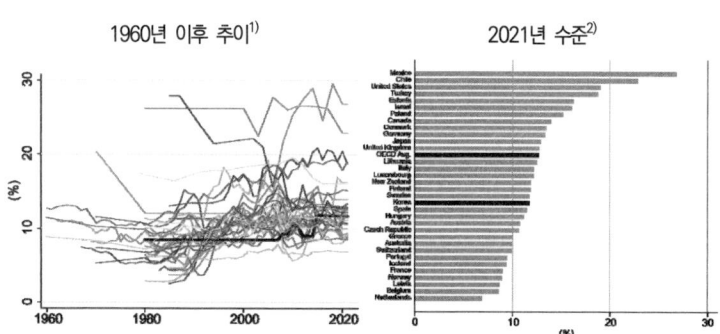

주 : 1) 33개 OECD 국가의 세전소득 통계 기준이며 굵은선이 우리나라를 의미한다.
    2) 2021년 기준이며, 검은선이 우리나라와 OECD 국가의 평균을 의미한다.
자료 : World Inequality Database

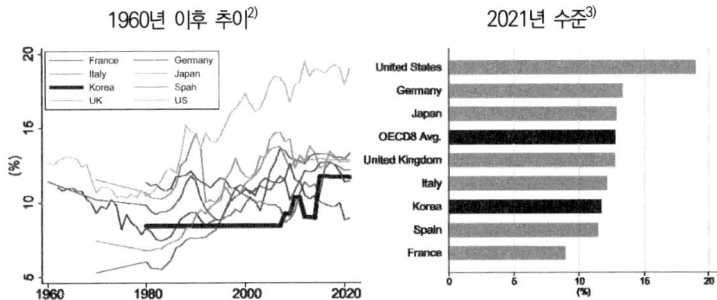

[그림 7-6] 소득 상위 1%의 점유 비율: OECD 8개[1] 국가 비교

1960년 이후 추이[2]   2021년 수준[3]

주 : 1) 1인당 GDP가 3만 달러 이상이면서 인구 5,000만 명 이상인 8개 국가를 의미한다.
    2) 8개 OECD 국가의 세전소득 통계 기준이며 굵은선이 우리나라를 의미한다.
    3) 2021년 기준이며, 검은선이 우리나라와 OECD 8개 국가의 평균을 의미한다.
자료 : World Inequality Database

[그림 7-6]은 1인당 GDP가 3만 달러를 넘어가며 인구수가 5,000만 명 이상인 독일, 미국, 스페인, 한국, 영국, 이탈리아, 일본, 프랑스 등 8개 국가의 소득 상위 1%의 점유 비율을 보여준다. 대체로 13% 내외에서 유사한 수준을 보이는 가운데 미국만 20%에 가까운 매우 높은 수준인 것으로 나타났다. 특히 1980년 이후 미국의 소득 상위 1%의 점유 비율은 여타 국가와 달리 이례적으로 상승세가 지속하고 있다는 것은 놀라운 현상이다. 8개 국가 중 해당 점유 비율이 가장 낮은 국가는 프랑스로 나타났다. 한편 1980년 이후 지속적이며 가파르게 상승하던 소득 상위 1%의 점유 비율은 2008년 글로벌 금융위기 이후 대체로 정체되거나 다소 하락한 것으로 나타났다. 이는 위기 수습을 위한 정부의 대폭적인 정부지출 강화, 금융 산업에 대한 규제 강화, 주식 및 부동산 등 자산소득의 감소, 세계 교역량의 증가세 둔화 등 다양한 요인이 작용한 것으로 보인다. 한편 OECD 국가의 소득 상위 10%의 점유 비율 추이도 대체로 소득 상위 1% 점유 비

율 추세와 유사한 흐름인 것으로 나타났다.

심각해진 자산 불평등

소득 불평등과 비교하면 자산의 불평등은 보통 더욱 심하다고 할 수 있으나 자산 스톡 통계 구축의 어려움 등으로 국가 간 비교 가능한 통계 자료가 부족한 게 현실이다. 여기에서는 WID에서 제공하고 있는 순자산 상위 1% 및 상위 10%의 점유 비율 통계를 이용하여 간략히 살펴보고자 한다. WID에서 자산은 금융 및 부동산 등 부(wealth)의 개념에 가깝다고 할 수 있으며 금융 등의 부채를 차감한 순자산 기준으로 상위 자산가의 점유 비율 통계를 제공하고 있다. 앞의 WID 소득 지표와 마찬가지로 20살 이상의 개인 기준으로 구축된 통계이다.

[그림 7-7]과 [그림 7-8]에 나타난 33개 OECD 국가의 순자산 상위 1% 및 10%의 점유 비율 추이를 살펴보면, 소득불평등 흐름과 유사하게 1980년까지는 해당 비율이 하락 추세를 보였으나 이후 상승세로 반전되었다. 한국의 경우도 2000년 이후 자산 상위 1% 및 10%의 점유 비율이 완만한 상승 추세를 보이고 있다. 흥미로운 점은 자산 상위 1% 및 10%의 점유 비율이 높은 나라는 칠레, 멕시코, 터키, 미국 등 네 나라로 나타났는데, 해당 국가는 소득 상위 1% 및 10%의 점유 비율도 매우 높은 네 나라에 동일하게 해당한다는 사실이다. 이는 최상위 소득 그룹의 높은 소득이 자산 축적 기회로 연결되고, 이렇게 축적된 자산으로부터의 소득 흐름이 강화되면서 다시 최상위 그룹의 소득을 확장시키는 상호 피드백 고리를 시사한다.

[그림 7-7] 순자산 상위 1%의 점유 비율: OECD 국가 비교

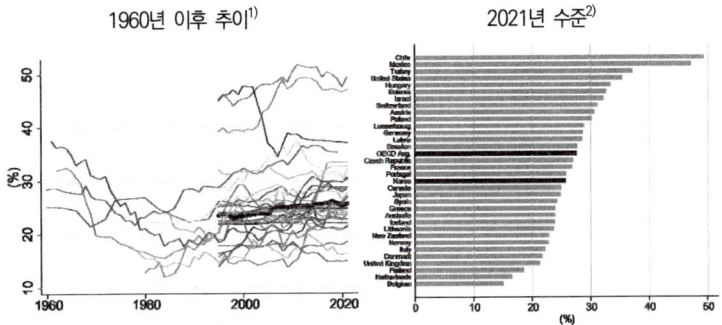

주 : 1) 33개 OECD 국가의 부채를 차감한 통계 기준이며 붉은색이 우리나라를 의미한다.
    2) 2021년 기준이며, 검은선이 우리나라와 OECD 국가의 평균을 의미한다.
자료 : World Inequality Database

[그림 7-8] 순자산 상위 10%의 점유 비율: OECD 국가 비교

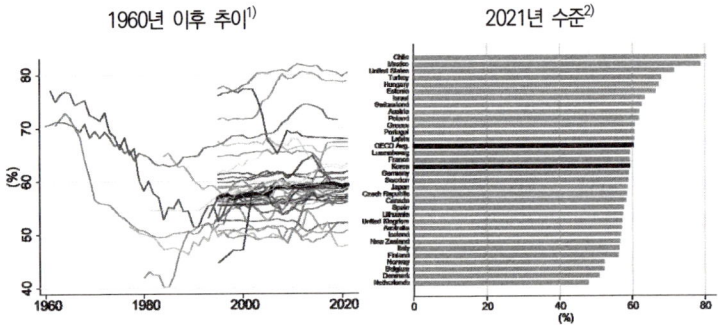

주 : 1) 33개 OECD 국가의 부채를 차감한 통계 기준이며 굵은선이 우리나라를 의미한다.
    2) 2021년 기준이며, 검은선이 우리나라와 OECD 국가의 평균을 의미한다.
자료 : World Inequality Database

한국을 포함하여 경제 규모가 큰 OECD 8개 국가로 해당 자산 상위 1%의 점유 비율은 [그림 7-9]에 나타나 있다. 8개 나라에서 대체로 1980년 이후 점유 비율이 높아지는 추세이며, 앞서 살펴보았듯이 한국도 해당 비율이 완만히 상승하고 있다. 미국

의 자산 상위 점유 비율이 압도적으로 높은 가운데 한국은 대체로 8개 국가의 평균 수준을 보이고 있다.

[그림 7-9] 순자산 상위 1%의 점유 비율: OECD 8개[1] 국가 비교

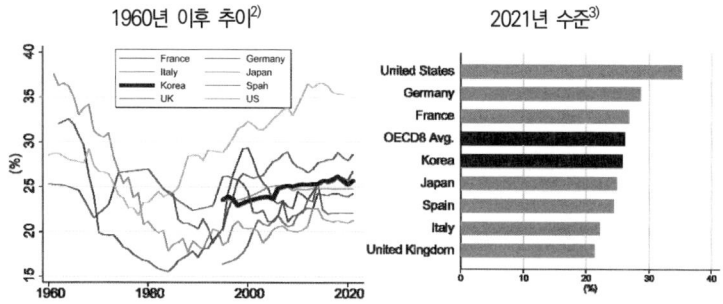

주 : 1) 1인당 GDP가 3만 달러 이상이면서 인구 5,000만 명 이상인 8개 국가를 의미한다.
    2) 8개 OECD 국가의 부채를 차감한 통계 기준이며 굵은선이 우리나라를 의미한다.
    3) 2021년 기준이며, 검은선이 우리나라와 OECD 8개 국가의 평균을 의미한다.
자료 : World Inequality Database

더욱 강화가 필요한 재분배 정책

소득 및 자산 불평등과 주요 금융 및 거시경제 변수가 어떠한 영향을 주고받는지에 관한 연구가 점차 활발해지고 있다. 예를 들어, 이전에는 중앙은행의 통화정책에서 불평등 변수를 크게 고려하지 않았으나, 이제는 다수의 주요국 중앙은행에서 불평등 지표를 고려하기 시작했다. 코로나19 대유행 대처 과정에서 중앙은행의 장기간에 걸친 저금리 정책이 자산 불평등을 강화시킨 것은 아닌지에 대한 의문이 제기되었기 때문이다. 또한 한 사회 내에서 주식 및 부동산 가격이 크게 오르면서 자산 격차가 커질 때 '나만 이러한 자본이득의 흐름에서 배제되는 것은 아

닌가'라는 공포 심리(fear of missed out; FOMO)는 여러 사람들이 자산 투자를 위해 자신의 소득 여건을 넘어서는 부채를 일으키게 하고 이는 미래의 금융 불안 요소로 작용할 수 있다.

이런 배경에서 OECD 국가를 대상으로 비교가능한 장기간의 소득 및 자산 불평등 지표를 살펴보면서 한국의 불평등 지표의 특징을 잡아보려고 하였다. 우선 OECD 국가 전체적으로 살펴보면, 소득 및 자산 불평등은 1980년 이후 지속적으로 그리고 가파르게 상승한 사실을 확인할 수 있었다. 1980년 이후 자본이동의 자유화, 금융 산업의 규제 완화, 숙련노동에 유리한 기술충격, 전반적인 노동조합의 협상력 약화 등을 그 이유로 꼽을 수 있다. 하지만 이러한 불평등 상승 추세 흐름은 2008년 글로벌 금융위기 이후에는 다소 완화되거나 정체된 모습을 보이고 있다. 이는 위기 수습 과정에서 정부지출의 대폭적인 확대, 금융 산업에 대한 규제 강화 등 다양한 요인이 작용한 것으로 보인다.

이러한 OECD 국가의 소득 불평등 흐름에 맞추어 가처분소득 기준 한국의 지니계수도 2010년 이후 꾸준히 하락하는 등 소득 불평등이 완화되었다고 평가할 수 있다. 2010년대 이후 복지제도가 지속적으로 확충되면서 정부의 적극적인 재정지출 확대에 기인한 것으로 보인다. 그럼에도 한국의 소득 불평등 수준은 OECD 국가 그룹 내에서 여전히 중상위권에 위치하는 등 여전히 다소 높은 수준으로 평가될 수 있다. 이는 OECD 국가와 비교하여 정부의 재분배 정책 효과가 여전히 약하기 때문이다. 즉, 시장소득 기준의 소득 불평등은 낮은 수준이지만 정부의 재분배 정책 효과는 OECD 국가 중 가장 낮은 세 나라에 포함되어 있는 것으로 나타났다. 특히 2010년 이후 가처분소득 지니계수와 함께 하락하던 시장소득 지니계수가 2015년 이후에는 하락 추세가 정체되거나 완만하게 상승 추세로 전환된 점은 유의할 대목이다. 이는 본원적인 소득 불평등이 악화하는 가운데 정부의 재분배 정책이 효과적으로 집행되지 못할 경우, 가처분소득 지니계수도 지금까지의 하락 추세를 멈추고 언제든지 다시 상승 추세로 전환될 수 있음을 의미하기 때문이다.

또한, 완화되고 있는 소득 불평등과 달리 한국의 자산 불평등은 2000년대 이후 계속 높아져 왔다. 이러한 추세가 지속될지에 대해서 우리 사회의 더 많은 관심이 필요하다. 이는 OECD 국가 중 자산 불평등도가 가장 높은 나라가 멕시코, 미국, 칠레, 터키의 네 나라로 나타났는데, 흥미롭게도 이들 네 나라에서 소득 불평등도 가장 높은 것으로 나타났기 때문이다. 즉, 자산 불평등이 소득 불평등을 강화하고 다시 소득 흐름의 격차가 자산의 양극화를 낳는 두 불평등 간의 상호 강화 피드백을 경계할 필요가 있다. 한국에서도 이러한 피드백이 나타날 가능성에 대해 보다 선제적인 정책적 대응이 필요해 보인다. 중장기적으로 (순)자산 기반의 소득 흐름에 대해 보다 형평성 있는 과세 기반을 구축하는 한편, 확충된 재원이 소득재분배 정책에 효율적으로 집행되면서 소득 불균형을 완화해 나가는 선순환 고리를 구축할 필요가 있다.

제8장

구조변화 속의 고용시장

선진국보다 낮은 한국의 고용률

고용은 노동시장의 상황을 보여주는 대표적 변수이다. 가계의 소득활동은 주로 임금근로, 자영업 등의 고용 과정을 통해 이루어지며 이 소득이 가계의 생계유지 및 소비활동의 주된 재원이다. 통상적으로 고용의 변화를 측정하는 지표로는 고용률을 활용한다. 고용률은 경제활동이 가능한 연령층의 인구 대비 취업상태의 인구 비율로 계산되며 한 경제가 보유하고 있는 노동자원이 생산 활동에 활용되는 정도를 측정하는 지표이다. 일반적으로 경제가 성장할수록 고용률은 높게 나타나며 경기변동에도 민감하게 반응한다.

OECD 자료를 활용하여 살펴보면 지난 20여 년간 주요 국가들의 15~64세 인구 대비 고용률은 전체적으로 상승하는 경향을 보여준다. 한국의 고용률 추이도 2000년 61.5%에서 2022년에는 68.5%에 이르게 된다. 하지만 이 기간 동안 한국의 고용률은 OECD 평균에 미치지 못하는 수준을 꾸준히 유지하는 것으로 나타나며, 주요 선진국들인 G7 국가들에 비해서는 큰 격차를

---

* 집필: 백명호(한양대 정책학과)

보여준다. 주요 선진국들 중 프랑스의 고용률이 한국과 유사하며 이탈리아는 높은 실업률 등의 경제상황으로 인해 낮은 고용률을 보이지만, 미국, 일본, 독일 등 다른 선진국들의 고용률은 70%를 상회하여 높은 수준에서 증가하는 추세를 보인다.

[그림 8-1] 고용률 추이의 국제 비교

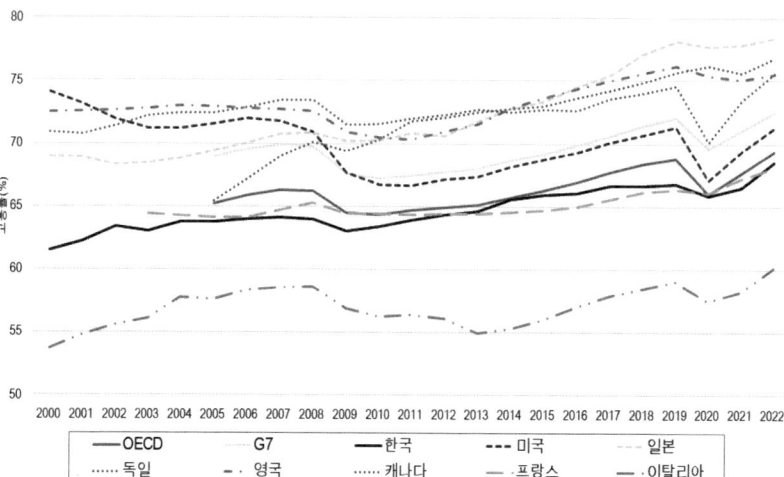

자료: OECD, https://data.oecd.org/emp/employment-rate.htm

[그림 8-1]의 고용률 추이를 통해 추가적으로 확인할 수 있는 특징은 2008년 글로벌 금융위기와 2020년 코로나19 확산으로 인한 경기침체기에는 대부분의 국가에서 고용률 하락이 뚜렷하게 목격되고 있다는 점이다. 한국의 고용률 추이도 크게 다르지는 않지만, 최근의 고용률 하락이 다른 국가들에 비해 상대적으로 작게 나타나며, 이는 팬데믹 시기 정부의 대책이 경제 충격을 완화하는 데에 보다 효과적이었음을 보여주는 것으로 이해된다.

차별적 고용률 추이: 청년층 하락, 고령 및 여성 상승, 학력별 성별 차이의 존재

OECD 자료가 국가 간 통계 비교를 위해 15~64세 인구기준 고용률을 이용하는 반면, 한국의 고용률 통계에서는 15세 이상 인구 대비 고용률을 주로 활용한다. 이 기준을 적용하는 경우 전체적인 고용률 수준은 2022년에 62.1%로 [그림 8-1]의 15~64세 인구 대비 68.5%에 비해 낮게 계산되지만, 전체적인 추이는 유사하게 나타난다. [그림 8-2]는 성별 고용률 추이와 연령대별 고용률 추이를 보여준다. 우선 성별 고용률 추이를 살펴보면 한국의 고용률 증가 추세는 주로 여성 고용률의 증가에 의해 견인되는 것으로 보인다. 오히려 남성의 고용률은 완만한 하락 추세를 보이고 있다. 또한, 연령대별로 살펴볼 때 50대 장년층 및 60세 이상 고령층의 고용률 증가 추세가 뚜렷하다. 20대 청년층의 고용률은 뚜렷하게 하락하고 있고 30대와 40대의 고용률은 거의 변화가 없는 것으로 나타난다. 특히 50대의 고용률은 2000년대부터 꾸준한 증가 추세를 보이는 데 반해, 60세 이상의 고용률은 2010년대에 들어서서 급격한 상승 추세를 보였다.

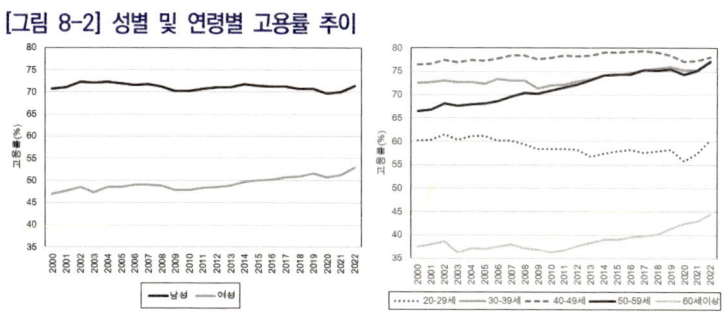

[그림 8-2] 성별 및 연령별 고용률 추이

자료: 「경제활동인구조사」, 통계청. 연령별 고용률 그래프에서 15~19세 고용률은 생략함.

⟨표 8-1⟩ 성별·학력수준별 인구구성 및 고용률 변화

		남성			여성		
		2000	2010	2022	2000	2010	2022
중졸이하	15세이상인구(천명)	5,531	4,981	3,955	8,451	7,507	6,251
	경제활동참가율(%)	57.6	48.3	44.6	43.7	36.0	33.5
	고용률(%)	54.8	46.5	43.0	42.7	35.2	32.6
고졸	15세이상인구(천명)	7,858	8,127	8,737	7,336	7,657	8,173
	경제활동참가율(%)	78.7	75.1	72.2	49.8	52.8	55.4
	고용률(%)	74.5	71.6	69.9	47.5	51.0	53.8
대졸이상	15세이상인구(천명)	4,137	6,871	9,581	2,879	5,683	8,564
	경제활동참가율(%)	88.8	89.0	86.6	60.9	63.2	69.2
	고용률(%)	85.0	86.0	84.7	58.4	60.7	66.9

자료: 「경제활동인구조사」, 통계청. 대졸이상은 전문대를 포함함.

　지난 수십 년 동안 한국의 전반적인 학력수준이 빠르게 향상되었으나 고학력 여성의 경제활동 참여가 선진국들에 비해 미흡하다는 점도 지적되어 왔다. ⟨표 8-1⟩에서는 성별과 학력수준을 함께 고려한 고용률 변화를 살펴본다. 학력수준의 향상이 젊은 세대의 높은 교육수준을 통해 이루어진다는 점에서 시간의 흐름에 따라 15세 이상 인구의 학력수준별 구성은 고학력자가 증가하는 반면 저학력자는 감소하는 경향을 띠게 된다. 남성과 여성 모두 중졸 이하 학력자 수가 줄어들고 전문대를 포함하는 대졸 이상 학력자 수가 뚜렷하게 증가한다. 특히 여성의 대졸 이상 고학력자 수가 급격히 증가하고 있음을 알 수 있다. 여성 대졸이상 고학력자의 경제활동참가율과 고용률은 모두 2000년에 비해 2022년에 크게 상승하여 8% 포인트 이상 증가하는 것으로 나타난다. 여성 고졸자의 경우도 이 두 지표가 6% 포인트 정도 상승하는 것으로 나타나나 중졸 이하에서는 감소하고 있다. 이는 주로 비경제활동 인구 비중이 높은 고령층의 학력 수준이 낮아서 나타나는 결과로 이해된다. 이에 반해 남성의 경우 모든 학력

수준에서 경제활동참가율과 고용률이 모두 하락하는 것으로 나타난다. 이에 따라 남녀 간의 고용률 격차는 점차 줄어들고 있지만, 2022년 기준으로 그 격차가 고졸에서는 16% 포인트, 대졸 이상에서는 18% 포인트로 여전히 크게 존재한다.

〈표 8-2〉 고령층의 경제활동 변화

시점	경제활동인구(천명)		고용률(%)		실업률(%)	
	55~64세	65~79세	55~64세	65~79세	55~64세	65~79세
2005.05	2,628	1,328	60.4	36.0	3.0	0.9
2010.05	3,224	1,648	62.9	36.7	2.7	1.1
2015.05	4,541	2,001	67.1	37.6	2.8	1.9
2020.05	5,589	2,619	66.9	40.4	3.9	3.6
2023.05	6,014	3,307	70.8	45.2	2.3	2.0

자료: 「경제활동인구조사」 고령층 부가조사, 통계청.

경제성장과 함께 고령층 건강수준의 향상과 평균수명의 연장은 은퇴 연령 이후의 소득활동의 필요성을 증가시켜 왔다. 특히 국민연금과 퇴직연금의 소득대체가 충분하지 못하여 고령층의 노동시장 참여가 급속히 증가하고 있는 것으로 보인다. 〈표 8-2〉에서 확인할 수 있듯이 65~79세 경제활동인구가 2005년에 비해 2023년에는 세 배 가까이 되고, 이는 해당 연령대 인구 증가율 보다 빠른 속도로 증가하는 것으로 나타난다. 이에 따라 65~79세 고령층의 고용률은 이 시기 9% 포인트 이상 상승하여 최근에는 이 연령대 인구의 절반에 가까운 비율이 취업하고 있음을 알 수 있다. 이에 따라 실업률도 다른 연령대의 실업률과 유사한 2~3% 수준으로 나타난다. 이 시기 55~64세 장년층의 고용률도 유사하게 10% 포인트 정도 증가하여 최근에는 약 71%에 이르는 것으로 나타난다. 일반적으로 선진국에서 흔히

관측되는 조기 은퇴의 경향은 한국에서는 나타나지 않으며, 이는 연금제도의 짧은 역사와 낮은 소득대체율과 함께 건강 향상과 수명 연장으로 인한 추가 소득의 필요성이 복합적으로 작용하여 나타나는 것으로 해석할 수 있을 것이다.

비임금근로의 감소와 1인 자영업의 상대적 증가

취업자들의 고용형태별 비율을 살펴보면 지난 20년간 큰 변화를 겪는 것을 알 수 있다. [그림 8-3]에서 확인되듯이 취업자 중 비임금근로자의 비중이 크게 감소하고 임금근로자의 비율이 증가하여 2022년에는 약 77%에 이르는 것으로 나타난다. 이는 산업의 발전에 따라 임금근로가 취업의 지배적인 형태로 진화해 나가는 과정으로 보이며, 고용에 있어서 기업의 역할이 더욱 커지고 있음을 의미한다. 한편, 임금근로자 중 상용근로자의 비율은 2003년 약 33%에서 2022년 약 56%로 크게 증가하는 반면, 임시근로자와 일용근로자의 비율은 해당 기간 꾸준한 감소 추세를 유지하고 있다.

비임금근로자 비율의 감소 추세는 대체로 고용원이 있는 자영업자나 고용원이 없는 자영업자, 그리고 무급가족종사자 모두에게서 대체적으로 유사하게 관측된다. 한 가지 주목할 점은 비임금근로자들 중 고용원이 없는 자영업자의 비중이 상대적으로 커지고 있다는 점이다. 동일 자료를 세부적으로 살펴보면 취업자 중 고용원이 있는 자영업자의 비율은 2003년 7.3%에서 2022년 4.9%까지 꾸준히 감소하는 것으로 나타나며 무급가족종사자의 비율은 동일 기간 7.7%에서 3.4%로 더욱 빠르게 줄어드는 것으로 나타난다. 그러나 고용원이 없는 자영업자의 비율은 2003년 20.0%에서 2015년 15.3%까지 지속적인 감소 추세를 보이지만 이후 더 이상 줄어들지 않고 2022년에도 15.2%를 유지하는 것으로 나타난다.

[그림 8-3] 고용형태별 취업자 비율 추이

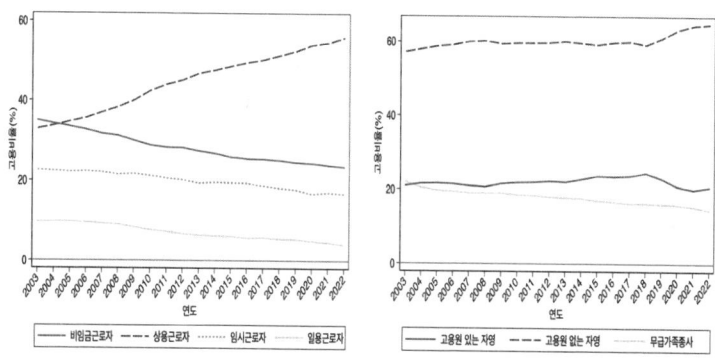

자료: 「경제활동인구조사」, 통계청, 고용형태별 취업자수 자료를 이용하여 계산.

최근 소규모 무인 사업장의 확대처럼 기술 발전이 소규모 자영업에서 고용을 대체하는 현상이 반영되는 것으로 보인다. [그림 8-3]의 오른쪽 그래프는 비임금근로자의 구성비의 변화를 보여준다. 무급가족종사자의 비율은 지난 20년간 22%에서 14.5%로 꾸준히 감소한다. 고용원이 없는 자영업자의 비율은 57.1%에서 64.8%까지 계속 증가하는 반면 고용원이 있는 자영업자의 비율은 21%에서 2018년 24.5%까지 증가하다 이후 감소하여 2022년에는 20.7%로 낮아지는 것으로 나타난다. 전체 고용 중 비임금근로의 감소 추세 속에 1인 자영업이 상대적으로 비중이 높아지는 흐름이 최근 가속화되고 있는 것으로 보인다. 고용을 대체하는 기술의 발달과 함께 가족종사자들의 기회비용도 상승하여 임금근로를 선택하는 방향으로 고용의 변화가 나타나는 것으로 보인다.

서비스업의 확대와 중·대기업 근로자의 증가

고용형태별 취업자 구성의 변화가 두드러지듯이 전체 고용의 산업별 구성 비율에서도 주목할 만한 변화가 관측된다. 〈표 8-3〉은 주요 산업별 취업자 비율의 변화를 제시한다. 이는 기계화, 자동화, 정보화 등의 기술발전과 산업구조의 변화가 고용에 반영된 결과로 볼 수 있다.

〈표 8-3〉 주요 산업별 취업자 비율 변화

	2013	2018	2022
농업, 임업 및 어업(01~03)	6.0%	5.0%	5.4%
제조업(10~34)	17.0%	16.8%	16.0%
도매 및 소매업(45~47)	14.6%	13.9%	11.8%
운수 및 창고업(49~52)	5.6%	5.2%	5.9%
숙박 및 음식점업(55~56)	7.8%	8.4%	7.8%
정보통신업(58~63)	2.8%	3.1%	3.5%
금융 및 보험업(64~66)	3.5%	3.1%	2.8%
전문, 과학 및 기술 서비스업(70~73)	4.1%	4.1%	4.6%
사업시설 관리, 사업 지원 및 임대 서비스업(74~76)	4.9%	4.9%	5.1%
공공행정, 국방 및 사회보장 행정(84)	3.9%	4.1%	4.3%
교육 서비스업(85)	7.0%	6.9%	6.8%
보건업 및 사회복지 서비스업(86~87)	6.2%	7.6%	9.7%

자료: 「경제활동인구조사」, 통계청, 산업별 취업자 수 자료를 이용하여 계산. 비중이 낮은 일부 산업은 제외함.

몇 가지 주목할 만한 특징이 나타나는데, 우선 지난 10년간 전체 취업자 중 농림어업과 제조업 취업자의 비율은 다소 감소하는 것으로 나타난다. 이는 광의의 서비스업 취업자 비율은 증가하였다는 것으로 의미한다. 서비스업은 세부적으로 분류하면 매우 상이한 특징을 띠고 있어 구분하여 살펴볼 필요가 있다. 운수 및 창고업과 숙박 및 음식점업 취업자 비율은 거의 변화가 없지만, 도매 및 소매업 취업자 비율은 크게 감소하고 있다. 이와 대조적으로 정보통신업의 취업자 비율은 뚜렷이 증가하고 있다. 다른 한편, 비대면 온라인 이용이 증가하는 금융 및 보험업 취업자 비율은 감소 추세를 보이며, 고령화 사회와 연관되는 공공부문과 보건업 및 사회복지 서비스업의 취업자 비율은 증가하는 것으로 나타난다.

〈표 8-4〉 사업체 종사자 규모별 취업자 수 및 비율 변화

연도	취업자 수(천명)			취업자 비율(%)		
	1-4인	5-299인	300인 이상	1-4인	5-299인	300인 이상
2004	9,901	10,952	1,829	43.7	48.3	8.1
2010	9,565	12,501	1,967	39.8	52.0	8.2
2015	9,878	13,912	2,388	37.7	53.1	9.1
2020	9,799	14,432	2,673	36.4	53.6	9.9
2022	9,898	15,193	2,998	35.2	54.1	10.7

자료: 「경제활동인구조사」, 통계청,

다음으로 사업체 종사자 규모별 취업자 비율을 살펴보면 자영업 중심의 1-4인 사업체 종사자 비율의 감소 추세가 두드러진다. 〈표 8-4〉에 따르면, 지난 20년간 1-4인 사업체 종사자 수는 큰 변화가 없는 것으로 보이지만 전체 취업자 수의 증가를 고려하면 그 비율은 8% 포인트 이상 감소하는 것으로 나타난다. 이에 반해 5-299인 사업체와 300인 이상 사업체 취업자 수는 크게 증가하고 그 비율도 상승하는 것으로 나타난다. 2022년 기준 취업자의 절반이 넘는 약 54%가 5-299인 사업체에 취업되어

있고, 300인 이상 대기업 취업자 비율도 약 11%에 이르는 것으로 나타나고 있다.

경제활동참가율과 고용률 제고의 필요성

지난 20여 년간 선진경제로 진입하며 한국의 인구와 고용구조에는 많은 변화가 있었던 것으로 확인된다. 우선 학력수준의 향상과 고령화의 심화가 인구구조의 두드러진 변화로 이해된다. 여성의 학력수준의 향상과 함께 고용률의 증가가 나타나며 이는 전체 고용률의 상승 추세를 이끄는 것으로 보인다. 그러나 여전히 다른 선진경제와 비교할 때 고용률은 낮은 수준으로 경제활동에 참여하지 않는 개인들의 선택에 대한 연구가 필요하며, 이에 근거한 정책 개발이 필요할 것으로 보인다. 또한, 고령화가 진행됨에 따라 생활에 필요한 노후 소득이 커지고 미흡한 연금제도가 복합적으로 작용하여 고령층의 경제활동이 크게 증가하는 것으로 나타나고 있다. 노령연금과 공공일자리 등을 통해 부분적인 정책 개입이 이루어지고 있으나 충분하지는 않은 것으로 보이며 연금제도의 강화와 정년 연장 등 추가적인 정책 개입에 대한 적극적인 고민이 필요할 것으로 보인다.

다른 한편으로 기술진보와 산업구조의 변화에 따른 고용구조에서도 변화가 나타난다. 전체적으로 다른 선진국들과 유사하게 전통적인 농림어업과 제조업의 고용 비중이 줄어들고 서비스업 취업자 비율이 늘어나고 있다. 또한, 자영업자의 비율은 감소하고 임금근로자의 비율이 증가하는 것으로 나타난다. 특히 대기업 취업자 비율이 꾸준히 증가하는 것으로 나타나지만 5-299인 중소규모 사업체 취업자 비율은 더욱 빠르게 증가하고 있음을 주목할 필요가 있다. 이는 자영업자를 포함하는 1-4인 사업체 고용이 급속히 줄어들며 나타나는 현상이다. 임금 등 근로조건과 근로환경에서 대기업과 중소기업에 큰 차이가 존재한다는 연구들이 다수 보고되고 있고 대기업의 취업선호도가 월등히 높다는 점을 고려하면, 기업 규모에 따른 격차를 완화하기 위한 정책적 노력이 고용 안정을 위해서도 필요할 것으로 보인다.

제9장
장기하락 추세의 생산성 증가율

장기적으로 생활수준을 결정하는 노동생산성

1인당 실질 GDP는 국가 간 또는 시점 간 생활 수준의 변화를 비교할 수 있는 가장 대표적인 지표이다. 장기적 생활수준의 개선은 생산성의 향상으로 뒷받침된다.

〈표 9-1〉은 2001부터 최근의 1인당 실질 GDP 증가율과 그 결정요인들을 보여주고 있으며, [그림 9-1]이 이를 시각화하고 있다. 2001-2022년, 22년의 기간, 한국의 1인당 실질 GDP는 연평균 3.11%로 증가하였는데, 이는 선진경제 중에서 최상위권에 속하는 수준이다.[*1] 그러나, 증가율은 장기적으로 하락하는 추세이며, 최근에는 2% 초중반 대의 수준을 보이고 있다. 〈표 9-1〉은 직전 5년 평균증가율을 비교하고 있는데, 2001-2005년의 1인당 실질 GDP의 평균증가율은 4.42%였으나 5년 간격으로 3.66%, 2.43%로 하락하였다. 2016-2020년 기간에는 더욱 하락하여 1.79%의 평균증가율을 기록하였다. 이 같은 1인당 실질 GDP 증가율의 감소세는 선진경제로 편입되는, 즉 장기균

---

* 집필: 김시원(전남대 경제학과)

[*1] OECD의 실질 GDP 증가율 통계에 따르면 2001-2022년 기간 평균 경제성장률이 우리나라보다 빠른 국가는 아일랜드, 폴란드, 튀르키예 정도이다.

형으로 이행되는 과정에서 나타나는 성장률 수렴현상이 반영된 것으로, 향후 선진국 수준인 2% 전후에서 움직일 가능성이 크다.

〈표 9-1〉 1인당 실질 GDP 변화요인

기간	1인당 실질 GDP	노동생산성	노동시장 요인		15세 이상 인구
			고용률	경제활동 참가율	
2001-2005	4.42 (-0.32)	3.40 (-1.43)	0.47 (1.18)	0.32 (0.55)	0.54 (-0.08)
2006-2010	3.66 (-0.76)	3.20 (-0.21)	-0.34 (-0.81)	-0.36 (-0.08)	0.81 (0.27)
2011	2.85	1.59	0.68	0.33	0.60
2012	1.85	0.64	0.50	0.49	0.60
2013	2.66	1.75	0.34	0.16	0.61
2014	2.52	0.82	1.16	1.61	0.53
2015	2.24	1.69	0.00	0.16	0.50
2011-2015	2.43 (-1.24)	1.30 (-1.90)	0.54 (0.87)	0.55 (0.91)	0.57 (-0.24)
2016	2.51	2.03	0.17	0.16	0.45
2017	2.83	1.92	0.33	0.48	0.46
2018	2.43	2.50	-0.16	-0.16	0.14
2019	1.87	1.10	0.33	0.32	0.38
2020	-0.85	0.10	-1.32	-1.27	0.49
2016-2020	1.76 (-0.67)	1.53 (0.20)	-0.13 (-0.67)	-0.10 (-0.64)	0.38 (-0.18)
2021	4.39	2.85	1.54	0.66	0.48
2022	2.81	-0.37	3.17	2.61	1.74
2001-2022	3.11	2.26	0.27	0.20	0.59

1인당 실질 GDP 증가율에 대한 기여도를 보면, 2001-2022년 `22년의 노동생산성 증가율은 평균 2.26%로, 1인당 실질 GDP 증가율에 대한 기여도는 약 72.7%이고 나머지가 노동시장 요인과 인구구성 요인이 차지한다. 따라서 노동생산성의 증가가

우리나라 국민의 평균 생활 수준의 증가를 주도한 요인이라고 할 수 있으며, 이는 경제학의 이론적, 실증적 결론과 부합한다. 한편, 1인당 실질 GDP 증가율의 하락추세는 장기균형으로의 수렴하는 과정에서 나타나는 자연스러운 현상이라고는 하지만, 하락 요인을 살펴보면 흥미로운 사실이 드러나기도 한다. 1인당 실질 GDP 증가율의 전반적인 하락추세 중에서도 가장 큰 폭의 감소세가 나타난 기간은 2011-2015년으로, 2006-2010년 기간에 비해 1.24%포인트 하락한 2.43%를 기록하였다. 특히, 2012년의 1인당 실질 GDP 증가율은 1.85%를 기록하였는데, 이는 코로나19가 발생하기 전까지, 2009년 국제금융 위기에 따른 성장률 둔화(0.27%)를 제외하면 가장 낮은 수준의 성장률이었다. 요인별 기여를 보면, 큰 폭의 성장률 하락은 전적으로 노동생산성 증가율의 하락이 초래한 것이라고 할 수 있다. 노동생산성 증가율은 전 기간 대비 1.90%포인트 하락하였는데, 이는 GDP 증가율 하락 폭을 압도하는 수준이었다. 사실 노동시장 요인은 전기 대비 1.78%포인트 증가하여(고용률 증가율 변화+경제활동참가율 증가율 변화) 성장에 긍정적인 환경이었다.

 2011-2015년의 GDP 증가율 하락 요인이 노동생산성이라는 것은 이의 경제성장 기여도를 생각하면 어쩌면 당연한 것으로 받아들여질 수도 있을 것이다. 그러나, 2016-2020년의 1인당 GDP 증가율 하락의 요인을 보면, 이와는 전혀 다른 양상이 나타난다. 이 기간 GDP 증가율은 전기 대비 0.67%포인트 하락하였는데, 그 요인은 노동생산성이 전혀 아니라는 점에서 이전 기간과 대비된다. 즉, 노동생산성 증가율은 오히려 전기 대비 0.20%포인트 증가한 반면, 고용률, 경제활동참가율, 그리고 15세 이상 인구의 증가율이 모두 하락하였다. 따라서 2016-2020

년의 1인당 GDP 증가율의 하락은 노동시장 요인과 인구구조 요인이 주도한 것이라 할 수 있다. 이는 코로나19의 충격이 최고조에 달했던 2020년을 보면 더욱 명확해진다. 2020년 1인당 GDP는 전년 대비 0.85% 하락하였다. 그러나 이 해에도 노동생산성은 0.10% 증가하였다. 반면 고용률과 경제활동참가율이 큰 폭으로 하락하였는데(전년 대비 1.32%, 1.27% 하락), 이는 전염병 확산 저지를 위한 거리 두기 조치, 영업시간 제한 등으로 자영업종이 크게 타격을 받으면서 실직자와 노동시장 이탈자가 큰 폭으로 증가한 영향이 반영된 것으로 해석된다.

[그림 9-1] 1인당 실질 GDP 증가율 변화요인(5년 평균증가율)

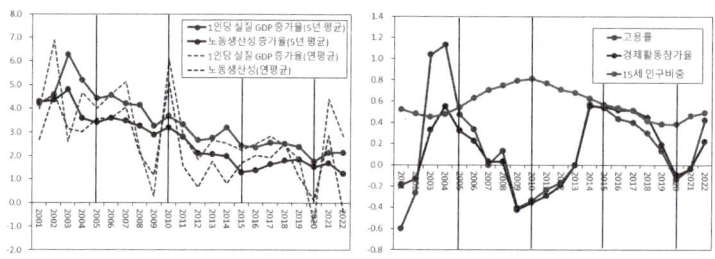

고용률과 경제활동참가율은 경기변동에 민감하게 반응하기 때문에, [그림 9-1]에 나타난 바와 같이 2009년 국제금융위기 및 2020년 코로나19 감염 위기와 같은 경제침체기에는 증가율이 큰 폭으로 감소하였다가 다시 회복되는 모습을 보인다. 따라서 2016-2020년의 GDP 증가율의 하락은 경기 변동적인 요인에 의한 일시적인 현상이지만, 2011-2015년의 GDP 증가율의 하락은 노동생산성 하락이 주도한 보다 구조적인 문제였다고 평가될 여지가 있다.

노동생산성의 변화요인

<표 9-2> 노동생산성 증가율 변화요인

	노동생산성	자본장비율	총요소생산성
2001-2005	3.40 (−1.43)	1.38 (−1.10)	1.81 (−0.41)
2006-2010	3.20 (−0.21)	1.33 (−0.05)	1.69 (−0.12)
2011	1.59	1.05	0.39
2012	0.64	0.92	−0.40
2013	1.75	1.03	0.56
2014	0.82	0.69	−0.04
2015	1.69	0.42	1.12
2011-2015	1.30 (−1.90)	0.82 (−0.51)	0.33 (−1.36)
2016	2.03	1.01	0.86
2017	1.92	1.13	0.68
2018	2.50	1.65	0.66
2019	1.10	1.57	−0.57
2020	0.10	1.42	−1.42
2016-2020	1.53 (0.23)	1.35 (0.53)	0.04 (−0.29)
2021	2.85	0.35	2.41
2022	−0.37	0.17	−0.64
2001-2022	2.26	1.13	0.96

<표 9-2>는 생산함수에 요인분해 방식을 적용하여 노동생산성의 변화요인을 추정한 결과를 보고하고 있다. 먼저 2001-2022년 전체 기간, 연평균 2.26%의 노동생산성 증가에 대한 기여를 보면 자본장비율 증가율의 기여분은 1.13%이고 총요소생산성 증가율의 기여분은 0.96%로 전자의 기여분이 다소 크지만, 그 차이는 미미한 것으로 나타났다. 표에 보고되지는 않았지만 인적자본 변화의 기여분은 0.17%이기 때문에, 총요소생산성과 인적자본을 합한 효율성 증가율의 기여분은 자본장비율 증가율의 기여분과 같은 1.13%가 된다.

[그림 9-2] 노동생산성 증가율 요인 추세

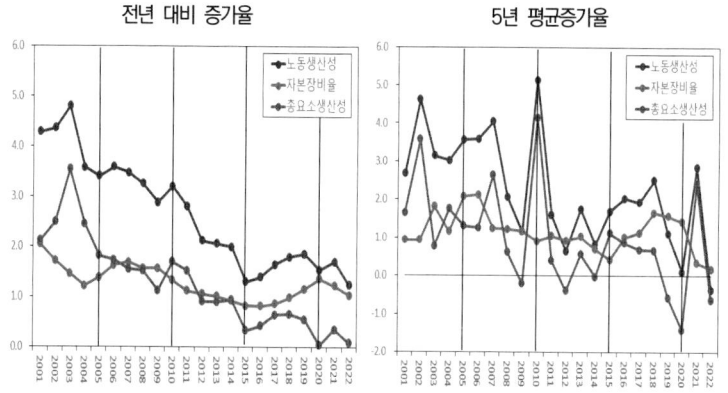

　　[그림 9-2]는 노동생산성과 총요소생산성의 증가율을 시각화하고 있는데, 대체로 두 계열은 동조화된 움직임을 보인다. 장기적인 추세에서 가장 눈에 띄는 것은 1인당 실질 GDP 증가율과 마찬가지로 총요소생산성 증가율도 하락추세를 보이지만, 2010년대 중반부터는 하락추세를 멈추고 안정화되는 모습이다. 장기추세에서 눈에 띄는 또 하나의 특징은 2000년대에는 노동생산성 증가율과 총요소생산성 증가율 사이의 격차가 벌어지다가 이후 기간에 다시 격차가 좁혀진다는 것이다. 이는 노동생산성 증가에 대한 자본장비율 증가의 기여도가 최근의 기간에 비해 2000년대에 상대적으로 컸다는 것을 의미한다.

　　구간별로 추세를 보면, 노동생산성 증가율과 총요소생산성 증가율 모두 2000년대 중후반까지는 상대적으로 높은 수준을 유지하다가 2008년과 2009년 국제금융위기에 큰 폭으로 하락하였다. 이후 등락을 반복하다가 2016-2018년 기간에 증가율이 연속 증가하면서 추세전환이 발생하는 듯하였으나, 2019-2020년 코로나19의 충격으로 다시 증가율이 하락세로 전환되었다. 2021년에는 코로나19의 충격이 완화되고, 다른 한편에서는 전년도 급락에 따른 기저효과로 높은 증가율로 반등했지만 2022년에는 음(-)의 증가율을 기록하였다. 따라서 코로나19의 충격이 완전히 사라지지 않은 상태에서 노동생산성 증가율이나 총요소생산성 증가율의 최근 추세를 평가하기는 어렵지만, 하향 안정화 추세는 지속될 가능성이 있다.

한편, 위에서 2011-2015년 기간과 2016-2020년 기간의 1인당 실질 GDP 증가율 하락을 비교하면서, 전자의 하락이 상대적으로 구조적이었다는 추론을 제시하였고, 그 근거로 노동생산성 증가율이 2006-2010년 대비 큰 폭으로 하락(1.90%포인트 하락)하였다는 사실을 들었다. 〈표 9-2〉는 총요소생산성 증가율의 하락이 노동생산성 증가율 하락을 주도하였다는 것을 보여주고 있는데, 특히 2011-2015년의 총요소생산성 증가율은 2006-2010년의 1.69%에서 0.33%로, 그 하락 폭이 1.36%포인트에 달했다. 반면, 코로나19 충격이 포함된 2016-2020년에도 노동생산성 증가율은 2006-2010년 대비 0.23%포인트 상승하였다. 총요소생산성이 2019년과 2020년, 각각 -0.57%, -1.42%로 큰 폭의 하락세를 보였다는 점을 고려하면, 노동생산성 증가율의 증가는 한편으로는 기저효과가 반영된 것이기도 하지만, 다른 한편으로는 자본장비율 증가율의 증가가 총요소생산성 하락을 상쇄한 결과로 해석될 수 있다. 즉, 단기 충격에 대해 정부가 확장적 재정정책을 통해 생산성 충격의 상당 부분 흡수하였을 가능성이 있다는 것이다. 이 같은 추론의 근거는 민간투자와 정부투자의 변화에서 찾아질 수 있다. 2019-2020년에 민간 총투자 연평균증가율은 1.5%로 크게 둔화되었지만, 정부부문의 총투자 증가율은 8.8%로 큰 폭의 증가세를 보였다. 이 같은 증가율의 차이로 총투자에서 차지하는 정부부문의 비중도 14%대 수준에서 2019년과 2020년에는 16.9%와 16.8%로 약 2%포인트 증가하였다. 이는 코로나19 충격에 따른 민간투자 위축의 일정 부분을 정부부문이 상쇄하였다는 것을 의미한다.

생산성의 국제간 비교

〈표 9-3〉 노동생산성의 국제간 비교: 2017년 고정가격

기간	한국	미국	일본	대만	싱가포르	영국	프랑스	캐나다	아일랜드
2001-2005	1.66	1.51	0.46	1.43	3.06	0.95	0.17	0.18	0.10
2006-2010	1.86	0.20	-0.31	1.98	-0.58	-1.17	-1.16	-1.03	-0.86
2011-2015	-0.04	0.45	0.71	-0.51	-1.96	0.16	-0.16	0.08	4.47
2016-2019	0.64	0.77	0.41	0.99	-1.89	-0.24	0.19	0.86	-0.79
2001-2019	1.02	0.61	0.22	1.01	-0.17	0.00	-0.17	-0.01	0.18

자료: Penn World Table 10.01을 이용하여 저자 계산.

〈표 9-4〉 총요소생산성 증가율의 국제비교: 2017년 고정가격

기간	한국	미국	일본	대만	싱가포르	영국	프랑스	캐나다	아일랜드
2001-2005	3.59	2.25	1.31	3.91	3.52	1.69	1.25	0.76	2.28
2006-2010	3.33	1.19	-0.13	2.96	1.07	-0.39	0.17	-0.25	1.24
2011-2015	1.24	1.01	0.90	1.56	0.88	0.63	0.47	0.83	6.20
2016-2019	2.02	1.20	-0.10	2.20	2.01	0.34	0.72	1.08	4.33
2001-2019	2.58	1.29	0.45	2.63	1.91	0.63	0.71	0.60	2.99

자료: Penn World Table 10.01을 이용하여 저자 계산.

〈표 9-3〉과 〈표 9-4〉는 Penn World Table 자료를 이용하

여 실질가치로 계산한 한국과 주요 선진국의 노동생산성 증가율과 총요소생산성 증가율을 비교하고 있다.[*2] 2001-2019년 기간 한국의 노동생산성 연평균증가율은 1.02%로 주요국 중 가장 높은 수준을 기록했다. 2위인 대만은 한국과 비슷한 수준인 1.01%이고, 미국은 3위로 0.61%를 기록하였다. 일본의 노동생산성 증가율은 0.22%에 불과해 일본경제의 장기정체를 반영하고 있다. 구간별로 비교를 해도 음의 성장률을 기록한 2011-2015년을 제외하면 1~3위를 기록하였다. 총요소생산성 증가율은 아일랜드가 2.99%로 1위를 차지하였으나 변동성이 크다는 특징이 있다. 2위는 대만(2.63%)이고 한국은 2.58%로 3위를 차지하였다. 따라서 한국의 생산성 증가율은 주요 선진국과 비교하여 상대적으로 높은 수준이라고 할 수 있다.

[그림 9-3] 총요소생산성 국제가 비교

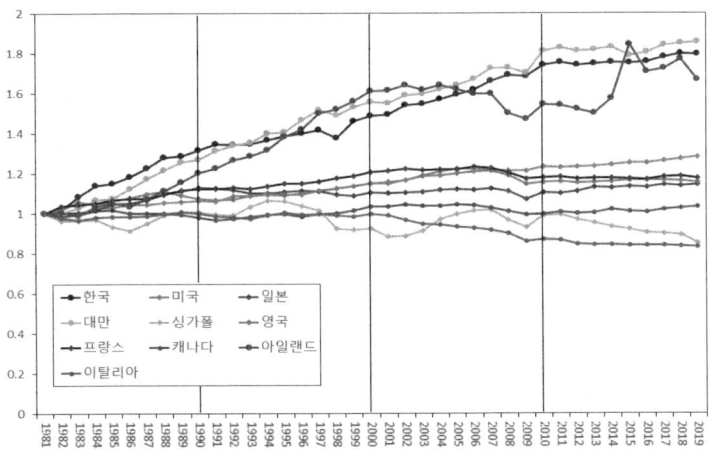

자료: Penn World Table 10.01을 이용하여 저자 계산.

[*2] Penn World Table 10.01의 TFP 추정방식은 2절의 추정법과는 다르기 때문에 2절에서와 같은 변화요인 분해분석은 불가능하다. Penn World Table 10.01의 TFP 추정법은 〈R. Feenstra, R. Inklaar, and M. Timmer, 2015, The Next Generation of the Penn World Table, American Economic Review, 105(10), pp.3150-3182〉 참조.

[그림 9-3]은 총요소생산성 증가를 시각적으로 보여주고 있다. 1981년을 1로 한 상대값이기 때문에 국가 간 시간에 따른 변화를 비교할 수 있다. 〈표 9-4〉에서와 마찬가지로 한국, 대만, 아일랜드가 증가율 상위그룹을 형성하고 있는 모습이다. 국가별 생산성 증가에서 한 가지 눈에 띄는 것은 한국과 대만의 생산성이 대단히 동조화된 변화를 보여주고 있다는 점인데, 상대적으로 높은 성장률을 기록하다가 2010년을 기점으로 성장률이 둔화되는 모습이 관찰된다. 동조화 움직임은 〈표 9-3〉의 노동생산성 증가율에서도 나타나는 현상인데, 양국 모두 노동생산성 증가율이 2011-2015년까지 둔화되다 다소 회복되는 모습을 보이고 있다. 주어진 정보로는 한국과 대만의 생산성 변화의 동조화에 대한 정확한 설명을 제시하기 어렵다. 그러나 한국과 대만은 최근에 선진경제로 편입되었다는 공통점이 있다. 즉, 경제성장 초기에는 생산성이 빠르게 증가하지만 장기균형에 가까워지면서 생산성 증가율이 둔화되는, 즉 이행기 경제의 특징이 반영된 것으로 해석될 수 있다. 이 같은 시각에서는 생산성 증가 둔화는 자연스러운 현상이며, 따라서 과거와 같은 높은 생산성 증가를 유지하기는 어렵다는 것을 의미한다.

질적 성장이 필요한 시대

한국경제는 2000년대 들어 최근 기간까지 1인당 실질 GDP 증가율의 장기적인 하락을 경험하였으며 노동생산성 증가율의 하락이 이를 주도하였다. 노동생산성 증가율 하락에 대한 기여도는 자본장비율과 총요소생산성이 비슷한 수준인 것으로 추정되었다. 1인당 실질 GDP나 생산성 증가율의 장기적인 둔화 현상은 우리나라가 선진경제로 편입되면서 발생하는 자연스러운 현상의 하나라고 할 수 있다. 이 같은 관점은 선진경제와 성장률을 비교해보면 타당해 보인다. 즉, 비슷한 수준의 한국과 대만은 지난 20여 년간 선진경제보다 높은 성장률을 기록하였지만, 최근 기간으로 올수록 성장률이 둔화되면서 선진국 수준으로 수렴하는 현상이 관찰된다.

1인당 실질 GDP와 생산성 증가율의 하향 수렴 현상과 더불어 눈에 띄는 또 하나의 추세는 노동생산성 변화요인에서 자본장비율의 기여도는 약화되고 있는 반면, 총요소생산성 증가율의 기여도는 강화되고 있다는 것이다. 이 같은 추세는 향후 노동생산성 증가율이 과거와 같은 높은 수준으로 회복되기는 어려울 뿐 아니라 투자에 의한 생산성 촉진에도 한계가 있다는 것을 의미하기도 한다. 따라서 경제정책도 양적 성장에서 선진국 수준의 성장률을 전제로 한 질적 성장으로, 자본 집약적 경제에서 기술집약적 경제로 정책적 기조를 전환할 필요가 있다.

1인당 실질 GDP 증가율의 장기적인 하락 자체는 자연스러운 현상의 하나라고는 하지만, 2011-2015년 구간은 이례적인 측면이 있다. 이 기간의 1인당 실질 GDP 증가율 하락뿐 아니라 노동생산성 증가율의 하락도 다른 기간을 압도하는 수준이었다. 이는 2016-2020년에도 1인당 실질 GDP 증가율은 하락하였지만 노동생산성 증가율은 오히려 증가하였다는 점에서 대비된다. 노동생산성 증가율의 증가는, 총요소생산성 하락을 자본장비율 증가율 증가로 상쇄하였기 때문에 가능한 것이었으며, 그 과정에서 정부의 투자증가가 중요한 역할을 하였다. 이 같은 정부 역할은 경제성장률 및 생산성 증가율의 장기적인 하락추세는 자연스러운 현상이기는 하지만 정부가 적절한 정책적 대응을 통해 그 속도를 조절할 여지가 있다는 것을 의미하기도 한다. 즉, 정부는 생산성 증가를 위한 장기정책과 더불어 단기변동에도 적극적으로 대응할 필요가 있다는 것이다.

제10장
신규기업 진출의 플랫폼 역할 강화가 필요한 주식시장

경제와 함께 성장하는 기업의 자금조달 축, 주식시장

주식시장은 자본과 투자의 흐름을 촉진하여 기업의 확장과 혁신을 위한 자금조달 역할을 한다. 주식시장은 자금을 기업과 투자자들 사이에서 유통시키는 금융시장의 일환으로 임금 등 인건비나 원자재구입비 등 기업의 운전자금인 단기자금을 공급하는 머니마켓(Money Market, 화폐시장)과 비교되며 기계설비자금 등 장기자금 조달의 역할을 한다는 의미에서 자본시장이라고 부르기도 한다. 최근 10년간 국내 주식시장은 다양한 부분에서 변화가 일어났다. 이하에서는 주식시장의 최근 10년간의 변화의 특징들을 살펴보고 이를 통해 주식시장의 한계와 발전 방향을 논의하기로 한다.

국내 주식시장은 2023년 8월 17일 기준 유가증권시장의 경우 836사의 기업, 950개의 종목이 상장되어 있으며 코스닥시장은 1,663사, 1,667개 종목이 상장되어 있다. 유가증권시장과 코스닥시장의 시가총액은 각각 1,997조원과 427조원이다.

---

* 집필: 서은숙(상명대 경제금융학부)

〈표 10-1〉 주식시장 현황[1]

	상장기업(종목)수	시가총액	거래대금
KOSPI	836사(950개)	1,997조원	10,728십억원
KOSDAQ	1,663사(1,667개)	427조원	12,366십억원
KONEX	128사(128개)	4조원	2십억원

주: 1) 2023년 8월 17일 기준
자료: 한국거래소

주식시장은 1956년 개장 이래 국내 기업을 세계적인 기업으로 성장시키는 데 주요한 역할을 하였다고 평가된다. 1983년 1월 4일부터 산출되어 발표된 코스피지수를 기준으로 보면, 2022년말까지 GDP가 약 22배 성장하는 동안 코스피지수는 약 18배 성장을 한 것으로 나타났다.[*1]

〈표 10-2〉 1983~2022년 코스피지수와 국내총생산

(단위: 지수(point), 금액(억달러))

구분	1983.1.4	2022년말	증감율
코스피지수	122.52	2,236.40	1,725%
GDP	783	17,342	2,115%

자료: 한국거래소

코스닥시장의 활성화와 혁신 중소기업의 성장, 모험자본의 선순환 체계

최근 약 10년간의 성장을 살펴보면, 2010년 1월부터 2023년 7월까지 유가증권시장과 코스닥시장의 시가총액은 각각

[*1] 코스피지수 40년과 한국 증권시장, KRX Market 152호, 2023, 한국거래소 참조

146%, 435% 성장했고, 상장기업수는 각각 8.30%, 60.47%가 증가한 것으로 나타났다. 특히, 코스닥시장의 성장이 크게 나타났는데 이는 IT, BT 관련 기술주와 엔터테인먼트, 소프트웨어, 게임 등 첨단 벤처 위주 기업들의 적극적인 참여와 성과가 시장 성장의 주요 요인으로 작용한 것으로 판단된다. 코스닥시장의 성장은 중소기업의 자금조달 한계를 극복하기 위한 정부의 적극적인 정책 기조도 기여한 바가 적지 않다. 당시 중소기업의 외부 자금조달 비중이 대부분 은행과 정책자금 등 간접금융에 의존하고 있는 상황에서 기술 중심 벤처기업들은 간접금융을 통한 자금조달에 큰 애로가 있었다. 초기 코스닥시장은 벤처붐과 함께 벤처 버블이 꺼지는 과정을 겪었고, 이 과정에서 시장에 대한 투자자들의 신뢰를 제고하고 투자자 보호를 위해 상장요건 등이 강화되면서 초기 중소기업들이 자금 조달하기에는 어려운 여건이 되었다. 즉, 다양한 정부의 지속적인 직접금융 시장 활성화 정책이 투자자들의 시장에 대한 신뢰를 회복하는 데 큰 도움은 되었으나 이러한 코스닥시장 활성화 방안은 오히려 기술중심 중소기업들의 초기 자금조달에는 제약조건으로 작용하였다. 이러한 이유로 초기 중소기업에 최적화된 코넥스시장이 개설되었으나 거래는 침체되어 있는 상황이다.

<표 10-3> 2010년 이후 주식시장 변화 추이

	항목	2010년 1월	2023년 7월	증감율(%)
KOSPI	상장기업수(개)	771	835	8.30
	상장종목수(개)	924	949	2.71
	시가총액(십억원)	848,136	2,085,912	145.94
	거래대금(십억원)	123,065	2979,94	142.14
KOSDAQ	상장기업수(개)	1,032	1,656	60.47
	상장종목수(개)	1,040	1,660	59.62
	시가총액(십억원)	84,613	453032	435.42
	거래대금(십억원)	64,813	269372	315.61

자료: 한국거래소

코스피지수의 주요 역사적 사건과 주식시장 변동성

2000년대 중반까지 코스피가 1,000 수준에서 등락을 거듭하였으나 견조한 경제성장률, 부동산 시장 활황, 연기금 및 공모펀드 등 금융 유동성이 높아지면서 2007년 11월 2,000포인트대를 넘어서게 되었다. 또한, 2007년 7월에 자본시장법이 국회를 통과하며 주식시장의 활황을 다시 한번 기대하였으나, 곧이어 2008년 9월 리만브라더스가 파산하면서, 2008년 10월 938.75포인트로 50%이상 하락하였다. 이후 10년이 지난 2018년이 되어서야 2,598.19p로 최고치를 경신하였다. 그러나 2020년 코로나19는 다시 시장을 하락세로 전환시켰고, 2021년 2월에 최고점인 3천 포인트를 기록한 후 등락을 거듭하고 있다. 2010년 이후 코스피지수의 최대 상승 기록을 살펴보면, 코로나 사태에 대한 정부의 금융시장 안정화 방안 발표로 2020년 3월 24일 8.6%가 상승을 기록했다. 마찬가지로 2010년 이후 가장 큰 폭으로 하락한 날은 2020년 3월 19일 코로나19 사태 심화로 경기침체가 우려됨에 따라 장중 8.39% (133.56p) 하락을 기록했다. 즉, 같은 사건으로 최고치 상승과 하락을 기록하였으며 시장의 변동성이 매우 높아지고 있다는 것을 알 수 있다.

　VIX(Volatility Index)는 미국시카고옵션거래소(CBOE)에서 주식시장의 변동성을 측정하기 위해 만든 지표로 기초데이터는 S&P 500 지수 옵션가격의 변동성을 기반으로 산출되며 주식시장 변동성 측정을 위해 주식시장 가격변화에 따라 바로 가격이 변동하는 옵션시장의 특성을 이용해 만들어진 지수다. 30일 동안의 단기 증시 변동성에 대한 기대치를 반영한 지수로 VIX 20%라면 앞으로 한 달 동안 주가가 20%가량 등락을 거듭할 것이라고 예상된다는 것을 의미한다.

[그림 10-1] 주가지수 추이

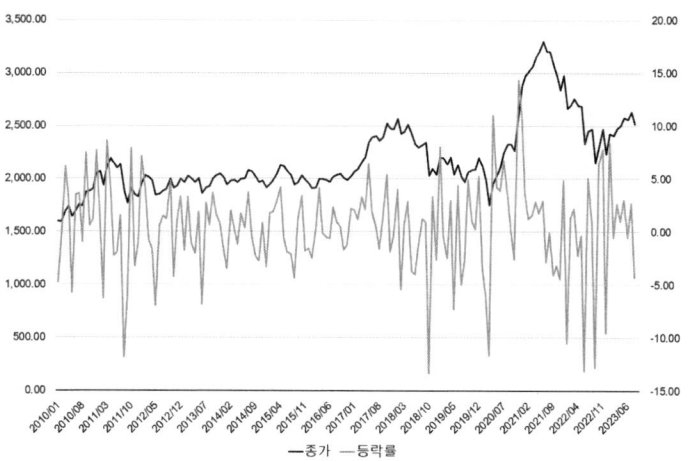

자료: 한국거래소

[그림 10-2] V-KOSPI 추이

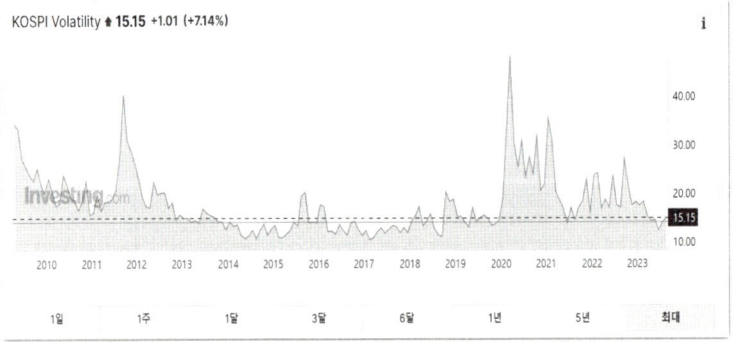

자료: Investing.com

　VIX와 유사한 개념으로 국내에는 VKOSPI라는 한국형 변동성지수가 존재한다. 한국거래소(KRX)가 2009년 4월 13일부터 국내주식시장에 맞게 고안해 낸 아시아국가 최초의 변동성지수다. 주가가 급락할 때 변동성지수는 급등하는 역상관관계를 보였기 때문에 '공포지수(Fear Index)'라고도 불리며 시황 변동의 위험을 감지하는 중요한 투자지표로 활용되고 있다. 주식시장에서의 변동성이 클 것이라고 예상하는 투자자가 많은 경우 지수가 올라간다. VKOSPI가 상승하지 않는 것은 급락에 대한 불안감이 줄어들었다는 의미로, 투자심리가 견고하다는 뜻이 된다. [그림 10-1]과 [그림 10-2]를 보면, 2008년 글로벌 금융위기, 유럽 재정위기 등의 영향으로, 2020년 1월 코로나19 사건으로 변동성이 매우 높아진 것을 볼 수 있다.

20대 이하의 주식투자 비중 확대

　최근 종영된 모 드라마에서 초등학생 예솔이가 삼전(삼성전자)과 카카오 주식이 갖고 싶다고 답하는 장면이 나온 적이 있다. 상장법인 개인 소유자 연령별 분포를 살펴보면, 전체 주식보유자 중 2022년말 20세 미만은 5.3%, 20대는 12.7%였는데 이는 2010년의 각각 비율인 1.6%와 6.3%의 2배 가까운 수치이다. 또한, 2010년과 비교해 보면, 세대별로 주식을 골고루 소유하고 있는 양상이다. 2010년 40대의 주식소유 비율이 가장 높았고, 30대부터 50대까지 주식투자자들이 집중해 있는 양상에서, 2022년 비율을 보면, 전 연령대에 걸쳐 골고루 분포되어 있다. 이는 2010년에 비해 전 세대에 걸쳐 위험 수용도가 고르게 높은 투자행태를 보여준다고 얘기할 수 있다.

〈표 10-4〉 2022년 12월 결산 상장법인 개인 소유자 연령별 분포

(단위 : 명, 주, %)

구 분	소유자수	2022년 비율	2010년 비율	소유주식수	2022년 비율	2010년 비율
20세 미만	755,670	5.3	1.6	277,543,598	0.5	0.5
20대	1,801,025	12.7	6.3	1,070,153,969	1.9	2.6
30대	2,835,700	19.9	25.0	4,631,781,475	8.2	17.5
40대	3,265,696	22.9	31.1	12,888,497,101	23.0	33.4
50대	3,022,857	21.2	22.8	19,207,009,509	34.2	28.9
60대	1,765,952	12.4	9.3	12,661,661,954	22.6	12.1
70대	557,469	3.9	3.9	4,207,894,974	7.5	5.0
80세 이상	236,837	1.7		1,165,496,060	2.1	
합 계	14,241,206	2,122.0	100.0	56,110,038,640	2,122.0	100.0

자료: 한국예탁결제원

1인당 평균 소유종목은 5.85종목으로 2010년 3.42종목에 비해 증가하였으며, 1인당 평균 소유 주식수는 7,688주로 2010

년 12,067주에 비해 줄어든 것으로 나타났다. 즉, 다양한 종목 수를 늘리고 해당 종목별 주식수는 줄이고 있는 투자행태를 보이는 것으로, 2010년에 비해 보다 적극적으로 포트폴리오 전략을 수용하고 있는 것으로 판단된다.

〈표 10-5〉 연도별 12월 결산 상장법인 소유자 현황

(단위 : 개사, 명, 종목, 주)

결산연도	회사수	소유자수	1인당 소유종목수	1인당 소유주식수
2010	1,716	4,540,854	3.42	12,067
2015	1,975	4,750,027	3.71	12,716
2019	2,302	6,187,021	4.23	15,251
2020	2,352	9,190,076	5.24	10,779
2021	2,426	13,842,667	5.96	7,747
2022	2,509	14,409,702	5.85	7,688

주: 상기 자료는 개인, 법인, 외국인 소유자를 포함하여 계산하였음
자료: 한국예탁결제원

외국인투자자 비중 낮아지고, 기술업종에 집중 투자

최초 외국인투자 허용된 시기는 1992년이고 1998년 IMF 경제위기 이후 2003년까지 큰 폭으로 확대되어 외국인의 주식보유비중이 시가총액대비 45%까지 상승하였다가 2023년 7월말 시가총액의 26.4%로 감소되었다. IMF 이후 외국인투자자 비중확대는 주식한도 확대 및 폐지에 따른 것으로 보이며, 최근 비중은 2009년 수준으로 최근 달러강세가 심화되면서 미국으로 자본이 유입되기 때문인 것으로 파악된다.

최근 국내 기술업종 기업이 가진 잠재력에 외국인투자자들

의 관심이 보다 높아지고 있다. 특히 미국, 영국 등의 기관투자자 비중이 높으며, 최근에는 중국, 일본, 중동 등 외국인 투자자들의 다양성이 높아지고 있는 것으로 보인다. 2023년 7월 기준으로 유럽과 아시아지역 외국인투자자는 순매수, 미주 및 중동은 순매도의 특징을 보이고 있고, 보유규모면에서는 미국이 외국인 전체의 40.8%, 유럽이 31.4%, 아시아가 13.5%, 중동이 3.1% 순서이다. 외국인투자자들은 주로 반도체 업종에 주목하여 투자하고 있으며 지수와 연동되는 대형주 중심으로 투자를 하는 특징을 보이고 있다.

중소기업의 자금조달 기능 강화 필요

최근 주식시장은 AI, 간편결제시스템 등 핀테크의 활성화로 투자자들이 주식시장에 보다 더 쉽게 접근할 수 있고 다양한 금융상품도 쏟아져 나오고 있으며 이 추세는 향후 더 강화될 것으로 예상된다. 투자자보호 등 다양한 정부 정책들로 투자자들의 주식시장에 대한 신뢰도가 더 높아지게 되면, 결국 이러한 투자자금은 기업의 자금조달의 한계를 낮추는 데 도움이 될 것이다.

코로나19 팬데믹으로 우리가 사는 세상은 크게 변화하고 있다. 인공지능, 클라우드 컴퓨팅, 전자 상거래 기술 등 간편결제시스템이 생활 전반에 도입되었고, 이러한 변화가 기업들로 하여금 디지털화로의 전환을 가속화하도록 요구하고 있다. 이와 같은 변화는 기술 분야에 대한 투자를 촉진하게 하고, 이러한 분야에 대한 투자는 코스닥시장에 진입할 수 있는 기술기반 기업들에게 자금조달을 할 수 있는 기회로 연결될 것으로 예상된다. 기술기반 중소기업의 생존은 초기 자금조달의 성공 여부에 달려 있지만, 여전히 초기 자금조달 창구인 코넥스시장은 한계에 직면하고 있다. 코넥스 시장은 코스닥시장 등과 달리 참여자들이 상대적으로 작은 탓에 자금 조달 등에 불리하다. 지난해 금융당국이 그동안 코넥스 시장 투자 시 적용했던 기본 예탁금 규제나 소액투자 전용계좌 제도 등을 폐지했지만, 여전히 개인 및 기관 투자자들의 관심은 코스닥 또는 코스피시장에 몰려 있다.

여기에 코넥스시장은 지분 분산 의무 등이 없어 유통 주식이나 거래량이 적다는 점도 한계로 꼽힌다. 실제로 코스닥시장의 시가총액은 425조 원 이상인 데 반해, 코넥스시장 전체 시가총액은 4조 원대 수준에 불과하다. 코넥스시장이 코스닥시장으로 가는 사전 단계로서 받아들여질 수 있도록 일정 기간 상장 후 코스닥 이전상장이 가능하도록 하는 제도 등 초기 단계 기업이 성장할 수 있는 플랫폼을 구축하는 등, 정부의 정책 방향이 시장 경쟁력 강화를 통해 활성화될 수 있도록 보다 더 집중할 필요가 있다.

제11장

대증적 개입을 지양해야 할 부동산정책

장기적 가격 상승 추세의 부동산 시장

한국에서 부동산 가격은 꾸준히 오른다. 1997년 경제위기나 2008년 글로벌 금융위기 때 일시적으로 큰 폭의 가격하락이 있었으나 부동산은 금세 회복하고 꾸준히 상승해 왔다. 최근 코로나19 사태가 진정되면서 고금리 환경이 도래하여 부동산 가격이 비교적 큰 폭으로 하락했다. 그러나 한국은행의 느린 기준금리 인상, 정부의 은행 대출 금리 제어 및 부동산 규제 완화 등으로 부동산 가격 하락세는 잦아들었다. 전국적이고도 전반적인 과열 양상은 아니지만, 지역이나 부동산 유형에 따라 다시 역사상 신고가를 기록하는 경우도 있다.[*1] 최근 하락했던 부동산 가격이 다시 상승 반전하는 양상이 나타나고 있다.

KB 전국주택매매가격 지수의 분기별 자료가 1986년 1분기부터 존재하는데, 그 당시 27.72였던 값이 2023년 2분기에 93.54로 약 3.4배가 되었다. 연 3.3% 정도로 상승한 셈이다. 국토교통부 실거래가 지수의 경우, 전국아파트매매실거래가 및 서울아파트매매실거래가 지수는 2006년 1분기부터 2023년 1분

---

* 집필: 빈기범(명지대 경제학부)

[*1] 김민경 기자, 2023.8.16., 서울 아파트거래 10건 중 1건이 '신고가', 서울경제 기사.

기까지 각각 61.2, 60.9에서 118.9, 148.3으로 증가했다. 연 증가율로는 각각 약 3.93%, 5.27%이다. 같은 기간 동안 KOSPI 지수는 1359.6에서 2476.86으로 연 3.54% 정도로 상승했다. 각 변동성은 12.33%, 18.72%, 36.21%로 KOSPI가 상당히 높다.[*2] 동일 기간의 68개 분기 중 전 분기 대비 지수가 하락했던 분기의 수는 각각 20, 19, 27개 분기이다.

[그림 11-1] 2006년 1분기 말 시점에 100으로 정규화한 아파트 매매가격 지수 및 KOSPI 지수

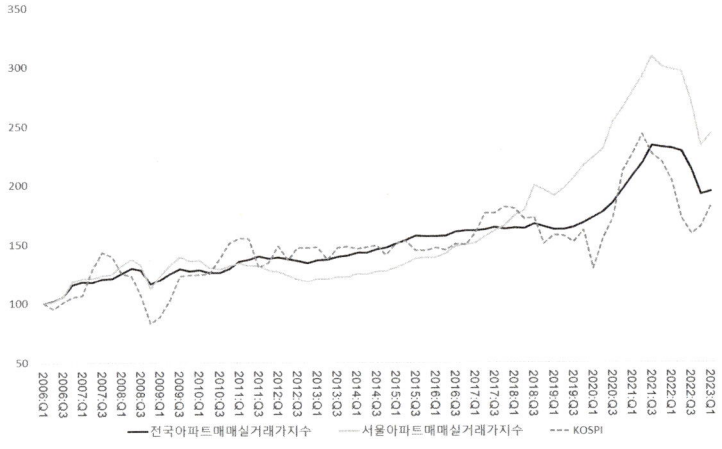

자료: 한국부동산원, KRX, 한국은행 EOCS

부동산과 주식투자의 비교

투자의 관점에서는 장기적으로도 부동산이 주식에 비해 수익성도 높고 위험도 낮다. 한국에서 부동산이 투자의 대상이 아

[*2] 변동성은 분기별 분기 간 지수 증가율의 표준편차에 4를 곱하여 구했다.

닐 수 없다. 막대한 레버리지까지 사용해 가면서 2주택 이상의 주택 보유를 하기 때문이다. 매매 거래시 자금의 규모도 주식보다 부동산이 훨씬 크다. 예를 들어, 레버리지를 포함하여 10-20억 여원을 들여 부동산을 매입하는 경우가 많지만, 주식에 10억 원 이상 투입하는 이는 드물다.

〈표 11-1〉 분기별 자료에 의한 부동산 지수 및 KOSPI 지수의 증가율 및 투자수익률

	전국주택매매 가격지수(KB)	전국아파트매매 가격지수	서울아파트매매 가격지수	KOSPI지수	은행예금
출처	KB, ECOS	한국부동산 원, ECOS	한국부동산 원, ECOS	KRX, ECOS	ECOS
기간	86년 1분기 - 23년 2분기 (149개 분기)	06년 1분기 - 23년 1분기 (68개 분기)	06년 1분기 - 23년 1분기 (68개 분기)	06년 1분기 - 23년 1분기 (68개 분기)	06년 1분기 - 23년 1분기 (68개 분기)
기간 내 증가 배수	3.37배	1.94배	2.44배	1.82배	1.61배
연 상승률	3.28%	3.93%	5.27%	3.54%	2.79%
변동성	8.22%	12.33%	18.72%	36.21%	.
전기 대비 하락 분기 비율	28.38%	29.41%	27.94%	39.71%	.
추정 연 최소 보유 편익	.	3.3%	3.3%	2%	.
추정 연 투자수익률	.	7.23%	8.57%	5.54%	.

주: 모두 세금은 고려하지 않았다. 주식은 거래세, 상속세, 증여세가 관련되고, 부동산의 경우 취등록세, 재산세, 종합부동산세, 상속세, 증여세, 양도차익세 등이 관여되며, 2주택 이상 여부도 세금이 큰 영향을 미친다.

아파트실거래가 지수와 KOSPI 지수 모두 가격의 변동만 반영할 뿐 그것을 보유한 이의 투자 수익률을 반영하지는 않는다. 이러한 자산을 보유할 경우, 소위 보유편익(convenience yield)이 발생한다. 주식은 배당이 있어서 이를 투자수익률에 반영해야 하고, 부동산은 임대 수익이 있으므로 이 역시 투자수익률에 반영해야 한다.[3] KOSPI의 배당수익률은 약 2% 정도이므로 투자수익률은 약 연 5-6% 정도이다. 부동산의 경우 매매가 대비 전세가는 최근 60% 이상이므로 최소값 60%에 법정 전월세전환율 5.5%를 곱하면, 3.3%가 되어 전국아파트와 서울아파트의 경우 투자수익률이 약 연 7.23%, 8.57% 정도에 이른다. 물론, 부동산 관련 세제가 복잡하고 해마다 변경되면서 각종의 적지 않은 세금을 납부해야 하므로, 부동산의 세후 수익률은 장기 보유할 경우 세전에 비해 연수익률을 1%p 이상 떨어뜨리기는 어렵다. 한편, 거의 무위험 자산에 해당하는 은행 예금으로 동일 기간 재산을 불려 왔다면, 연 2.8%의 수익률을 얻을 수 있었다.

한국에서 부동산 가격의 상승 특히 아파트 가격의 상승과는 다소 체감적 차이가 있어 보이지만, 공인 기관의 공식적 집계 시계열 자료로도 부동산의 투자 수익률의 성과가 누구나 쉽게 접할 수 있는 주식이나 은행 예금에 비해 우월했던 것은 분명해 보인다. 위험도 낮고 수익성도 높은 것이다. 다만, 취등록세, 재산세, 종합부동산세, 양도차익세, 상속이나 증여 시 상속세, 증여세 등이 부동산에는 부과되므로 부동산 거래에 있어서는 세금이 상당히 중요한 고려 대상이 될 수밖에 없다. 게다가 부동산을 투자 대상으로 보고 투자할 경우, 2주택 이상에 대해서는 종합부동산세, 양도차익세 등이 중과세 될 수 있다. 물론, 예금도 이자에 대해서 이자소득세를 납부해야 하고, 주식도 거래세, 배당소득세, 상속이나 증여 시 상속세 및 증여세를 납부해야 한다. 투자 주체가 처한 상황이나 목적이 각양각색이므로 세후 투자수익

---

[3] 아파트가 상업용부동산은 아니지만 이를 전세나 월세로 임대하여 수익이 발생한다. 자가 주택에서 주거해도 주택 사용 편익이 발생한다.

률을 일반화시켜 계산해보기는 매우 어렵다.

부동산과 주식 가격 변동에 따른 손익의 배분과 귀속

주식시장은 효율적 시장(efficient market)이라고 여겨지므로, 단기·중장기적으로 모멘텀(momentum) 현상을 찾아내기 어렵다. 주가가 한 번 오른다고 계속 오를 확률이 높아지거나, 한 번 내린다고 계속 내릴 확률이 높아지는 것은 아니다. 하지만 부동산 시장은 효율적 시장으로 보기는 어렵다. 무엇보다도 부동산은 실물 자산으로서 그 가격 규모 대비로 사고파는 자의 규모가 크지 않은 매우 비유동적인 시장이며, 취등록세, 등기 절차 등 시간적·금전적 거래 비용이 많이 들어간다. 때에 따라서는 분양받을 자격이나 매입할 자격 등이 제한되기도 한다. 부동산은 주식처럼 동일한 부동산이 여러 채 존재하지 않는다. 하나의 부동산을 지분으로 쪼개 거래하는 것도 최근 핀테크 기술로 가능하지만 그런 거래는 극히 일부일 뿐이다. 주식의 경우, 금융자산으로서 거래일로부터 +2일이면 주식이 입고되고 소유권이 완전히 이전되며 취등록세를 포함하여 등록에 따르는 비용이 없다.

주식은 가격 상승·하락 요인이 발생하자마자 중앙화된 장내 주식시장(KRX)에서 즉각 반응하여 주가에 반영되지만, 부동산은 그렇지 않다. 상승 요인이 발생하더라도 천천히 반영된다. KOSPI의 경우 전기 상승세로 이번 기 상승세 여부를 예측할 수 없지만, 서울아파트의 경우 전기 상승세가 이번 기까지 이어진다는 의미다. 따라서 부동산은 주식과 달리 소위 추격 매수 시 성공할 가능성이 높다.[4] 다만, 주식만큼이나 쉽게 자주 샀다 팔았다 하는 행위를 하기는 어렵다. 평균적인 거래 자금 규모도 주식에 비해 부동산이 훨씬 크다.

앞서 [그림 11-1]에 제시한 전국아파트실거래가, 서울아파트실거래가지수 및 KOSPI 자체의 시계열 추이를 보자. 이 그림은 2006년 1분기 말(즉, 동년 2분기 초)의 값을 세 지수 모두에 대해서 100으로 정규화하여 그린 것이다. 앞선 논의대로 KOSPI에 비해 이들 아파트 지수가 더 크게 올랐다. 그리고 아파트 지수는 KOSPI와 비교하면 2008년 글로벌 금융위기 시기 단기적 하락 및 2010년대 초반 서서히 하락했던 시기를 제외하면 전반적으로 강하게 상승하는 추세를 보이고 있다. 반면, KOSPI는 2008년에 큰 폭으로 하락했고, 2009년까지 어느 정도 회복했으나 다시 2017년까지 소위 보합세를 보였으며, 코로나19 사태가 발발하면서 크게 하락했다가 다시 크게 상승했다.

KOSPI는 상승 중에도 상당한 부침과 오랜 기간 보합세를 보여 지속적으로 주식을 보유하는 이가 많지 않았을 것이다. 이런 경우, 상승과 하락이 많은 이들에게 분배된다. 주식투자를 했던 모든 이들에 대해서 이득과 손실을 합치면 전체 상승분이 나오지만, 손실이 다수에게 분배된다. 반면, 부동산은 하락 시에도 작은 변동성으로 급히 매각하는 행위를 하지 않고 관망했을 가능성이 크다. 아마도 주식으로 돈을 잃었다든가 부동산으로 돈을 벌었다든가, 역시 주식보다 부동산이 낫다든가 하는 시중에 나도는 푸념이나 자랑이 틀린 말은 아닐 것이다. 아래 [그림 11-2]의 상자그림(box diagram)을 보면, 아파트에 비해 KOSPI가 얼마나 변동성이 높은지도 육안으로 알 수 있다.

---

[4] 분기별 KOSPI 증가율 r_t에 대해서 AR(1) 모형 $r_t = c + \rho r_{t-1} + \epsilon_t$에 적합하면, 자기회귀계수가 $\hat{\rho} = 0.12$로 추정되며 그 t-값은 1.55에 불과하지만, 서울아파트매매가격지수의 경우 그 계수가 $\hat{\rho} = 0.23$으로 추정되며 t-값은 3.01으로 통계적으로 매우 유의하다

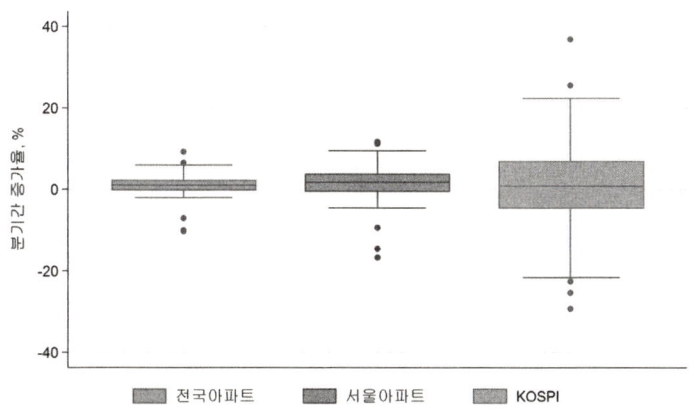

[그림 11-2] 2006년 이후 아파트 매매가격 지수 및 KOSPI 지수의 분기 간 증가율의 상자그림

자료: 한국부동산원, KRX, 한국은행 EOCS

부동산 가격이 장기적으로 상승하는 이유

주식시장에서 주가가 전반적으로 상승하는 근원적인 이유는 경제가 성장하기 때문이다. 주식은 기업이라는 유무형의 실물자산의 가치를 표창하는 금융계약서이고, 기업이 성장하는 한 주가는 상승한다. 기업의 성장이 멈추었거나 앞으로 멈출 것이라는 기대가 팽배하면 주가가 오를 리 없다. 기업이라는 근원적인 펀더멘털을 빼고 주가의 변화를 논할 수 없다. 종종 유동성이나 세금 제도가 주가에 영향을 준다고도 하지만 그것은 단기적이다. 중장기적으로는 기업의 수익성 및 미래 성장 전망이 주가에 결정적인 영향을 미친다.

그렇다면 부동산 가격은 왜 꾸준히 상승할까? 이 역시 가장 근원적인 원인은 경제성장에 있다.[*5] 성장하지 않는 경제에서 부동산 가치가 상승할 리 없다. 한국경제에서 부동산 가격 상승 또는 하락은 숱하게 언론에서 보도된다. 해외에서 부동산 가격 상승, 하락 또는 그 폐해에 관하여 보도되는 국가는 대표적으로 미국이다. 미국은 부동산 가격의 하락으로 2008년 글로벌 금융위기의 진원지가 되기도 했다. 그럼에도 미국경제는 여전히 강한 상승세를 보이고 있다.[*6] 애플, 페이스북, 테슬라, 아마존, 구글, 넷플릭스, 마이크로소프트, 엔비디아 등의 미국 기업이 세계 최고의 기업가치를 보이면서 전세계적으로 AI를 포함한 최첨단의 혁명적 변화를 이끌고 있다. 미국의 부동산 가격 추이도 한국과 거의 유사하다. 다만, 변동성은 한국보다 심해 보인다. 2014년까지 하락했고 이후 꾸준히 그리고 강하게 상승했으며, 코로나19 위기와 함께 급격하게 상승했다.

최근 중국에서 부동산 가격이 크게 하락하면서 전세계 위기로까지 파급 가능성이 언급되고 있지만, 그 이전까지는 중국 부동산 가격도 지속적으로 강한 상승 추세를 보여 왔다. 이 역시 중국 경제가 성장하기 때문이다. 한국에서 부동산 광풍, 부동산 망국병이라는 비판이 많지만, 부동산 가격이 장기 상승하는 것은 한국경제가 성장한다는 방증이기도 하다. 성장이 멎었거나 정체된 저개발 국가의 부동산 가격이 상승할 리 없다.

[*5] 한국의 2022년 말 국민대차대조표상 총 국부는 약 2경 원을 넘는다. (한국은행 보도자료, 2023.7.20.)

[*6] 홍준기 기자, 2023.8.10., 부자 미국, 가난한 유럽...富 격차 갈수록 커지는 3가지 이유, 조선일보 기사.
"국제통화기금(IMF)에 따르면, 2012년 미국이 GDP(국내총생산)로 EU를 추월한 이후 점점 격차가 커져 지난해에는 미국 GDP가 EU보다 8조8000억달러(약 1경1500조원)나 많았다. 2028년에는 11조2000억달러까지 차이가 벌어질 것으로 IMF는 추산하고 있다."

[그림 11-3] 미국 연도별 주택 가격 지수

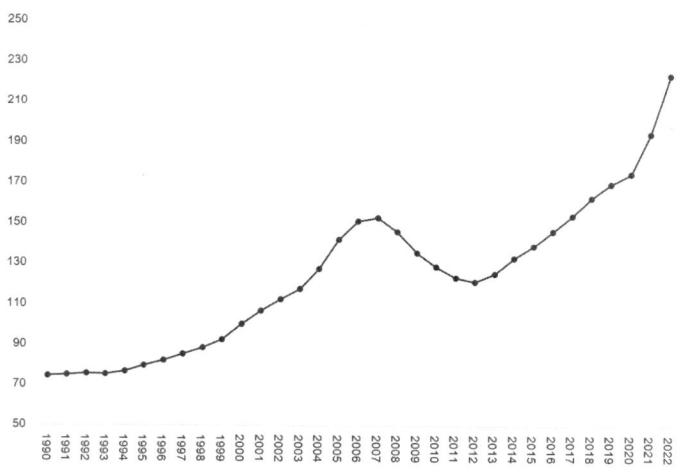

출처: 미국 Federal Housing Finance Agency 홈페이지

한국 부동산 가격 상승의 폐해는 분명하고 작지 않다. 영끌 부동산 투기 행위에서 잘 드러난다. 부의 격차가 소득의 격차로 이어지기도 한다. 그러나 부동산 투기가 일시적인 상승이나 과열을 유발할 수는 있어도 장기적인 상승의 원인으로 보기는 어렵다. 부동산 가격이 항상 적절하게 상승하지는 않는다. 대세 상승기에도 과열이 있고 경제위기나 금융위기 시기 크게 하락하기도 했다. 심지어는 부동산 부문이 위기의 근원지이기도 했다.

한국경제가 성장하는 한 부동산 가격은 지속적으로 상승한다. 그것이 한국경제 성장의 증거이기도 하다. 성장하는 경제에서 대표적인 실재하는 실물 자산인 부동산의 가격이 장기적으로 상승하는 현상은 막을 수도 없고, 그것을 망국병으로 비난할 필요도 없다. 하지만 장기 대세 상승의 국면에서도 과열과 폭락은 상시 경계해야 한다. 투기와 과열은 상대적으로는 단기적이지만 과열로 급등했을 때는 물론 버블이 꺼지면서 급락했을 때도 다양한 경제적, 사회적 폐해를 야기한다. 급등할 때는 부와 소득의 격차를 벌리게 된다.[*7] 〈표 11-2〉를 보면, 순자산에서 자산5분위 상 1분위 대비 5분위의 배율이 거의 90배가 되고 있다. 바람직한 현상은 아니다. 급락할 때는 투자 실패한 가계의 파탄을 유발할 뿐만 아니라 부동산 관련 업체의 파산, 금융기관의 파산까지 유발할 수 있다. 투기와 과열은 군집행동과 같은 심리적인 이유로 발생하기도 하지만, 거기에 낮은 금리, 대출 한도의 확대로 인한 유동성 팽창, 낮은 부동산 관련 세율 등이 크게 한몫 거들기도 한다. 정치인, 정부 고위 관료 등의 국가 지도층의 부동산 투기적 행태도 국민들을 한탄하게 하지만 이를 모방하여 투기하는 행위를 부추길 수도 있다.

〈표 11-2〉 최근 연도별 자산5분위에서 각종 자산의 자산1분위 대비 5분위의 배율

	총자산	금융자산	부동산	부동산담보대출	순자산액
2017	52.65	14.98	260.87	429.93	62.67
2018	53.47	14.95	251.43	425.32	67.78
2019	57.57	15.70	285.51	315.06	81.19
2020	58.36	14.72	291.96	299.97	82.79
2021	58.42	13.82	301.31	339.45	77.03
2022	64.03	14.31	367.60	284.25	89.56

원자료: 한국은행 ECOS

[*7] 배재현·빈기범·박경국(2020)은 팽창적 통화 정책으로 인한 부동산 가격 상승이 부와 소득의 격차를 벌린다는 실증적 근거를 제시하였다. 배재현·빈기범·박경국. (2020). "팽창적 통화정책과 부와 소득의 불평등". 동서연구, 제32권 제2호: 59-90.

일희일비하면 안 되는 부동산 정책

한국경제에서 부동산 가격은 코로나 시기 강한 상승세를 보인 이후 잦아들었으나 최근 정부의 부동산 세제 및 규제 완화로 아직도 그 열기가 식지 않았다. 부동산이 주거를 위한 필수 자산이지만 한국경제에서는 자산 투자의 대상임을 부인하기 어렵다. 개인 중 최대로 많은 주택을 보유한 이는 1,600채 이상을 갖고 있다. 가계 자산 중 부동산의 비중은 막대하다. 가계 자산 중 부동산 포함 비금융자산의 비중은 약 64%이다.[8] 부동산 익스포져가 없거나 적은 상태에서 부동산 가격이 오르면 상대적으로 가난해지기 때문에 가계는 부동산 가격 변화에 전략적으로 대응하는 행태를 보이기도 한다. 소위 영끌이 그러한 사례이다.

투자의 관점에서는 장기적으로 부동산이 주식보다 우월하다. 더 크게 올랐고 변동성도 작았다. 높은 변동성에서는 꾸준히 보유하기 어렵다. 주가가 높은 변동성으로 오르내리는 과정에서 많은 이들이 매매거래를 한다. 주가 변화에 따른 손익이 분해되어 많은 이들에게 배분되고 귀속된다. 부동산을 주식만큼이나 쉽게 매매하기도 어렵지만, 부동산은 변동성이 크지 않아 단기적 가격 변화에 민감하게 반응하여 쉽게 거래하지 않는다. 주식보다 장기보유할 가능성이 크고, 장기적 상승의 이익은 부동산 보유자에게 귀속된다. 투자의 관점에서 여전히 주식보다 부동산이 나은 것이다. 물론, 매매를 위한 거래 규모가 크고 큰 레버리지가 필요하므로 모든 이에게 부동산 투자의 기회가 열려 있는 것은 아니다.

부동산에 대한 광풍, 망국병, 병폐 등의 비난이 있지만 부동

---
[8] 금융투자협회(2022)

산 가격의 장기적 상승을 부정적으로 탓할 필요는 없다. 모든 가격이 오르듯 부동산 가격도 오르기 마련이고, 부동산 가격이 꾸준히 상승하는 근원적인 원인은 한국경제가 성장하기 때문이다. 한국경제에서 부동산 가격의 장기적 상승은 한국경제 성장의 증거이다. 경제가 성장하지 못하는 저개발 국가에서 부동산 가격이 상승할 리 없다. 세계적으로도 부동산 가격의 지속적 상승을 보이는 국가는 미국과 중국 등이다. 이들 국가는 소위 G2로서 세계 경제를 주도하는 중이다.

    정부는 부동산 시장에 대해서 장기 대세 상승하는 추이를 막을 수도 없고, 막을 필요도 없다. 하지만 부동산 과열은 항상 경계하고 이를 제어하려는 노력을 해야 한다. 그럼에도 한국 정부는 종종 세금 완화, 금리 및 대출 완화, 유동성 팽창 등으로 부동산 경기 부양을 통해 거시경제 전반적인 경기 부양을 기하려 한다. 이러한 정책은 부동산의 자연스러운 추세적 상승이 아니라 일시적 과열의 주된 원인이다. 부동산 가격은 정부가 걱정하지 않아도 한국경제가 성장하는 한 상승하게 되어 있다. 정부는 상시적으로 부동산 과열과 투기를 막아 정상적 추세에서 벗어나는 것을 방지하는 데 정책적 노력을 기울여야 한다. 심지어 부동산 가격이 하락하더라도 그것이 정상 수준으로 회복하는 중인지 여부를 판단하여 정책적 조치를 취해야지 그 하락을 무조건 막아 내는 것이 정부의 바람직한 역할은 아니다. 2021년 기준 약 2,145만 가구 중 주택 보유 가구는 56% 정도이다.[9] 정부의 부동산 가격 방어 정책은 무주택자의 부를 침해함을 인식해야 할 것이다.

---

[9] 통계청 보도자료, 2022.11.15.

제12장

오늘의 한국경제

저성장 타개를 위한 정책조합의 부재

2023년 현재 한국의 경제성장률은 1% 초반에 머물고 있으며 이는 2년 연속 1%대 성장률을 기록하는 것이다. 2024년 역시 낙관할 수 없는 상황이다. 2000년 이후 상당 기간 5%를 상회하였던 한국경제 성장률의 장기추세가 1%로 고착될 것이라는 우려가 현실화하고 있는 것으로 보인다. 이러한 추세를 뒤집을 수 있는 한국경제의 혁신성·역동성이 사라졌을 뿐만 아니라 회복에 필요한 의미 있는 정책이 시행되고 있다고 보기도 어렵다. 혁신성장과 분배를 대립되는 정책으로 간주하는 분위기 역시 성장의 발목을 잡고 있다. 경제전반의 혁신을 목표로 한 산업정책은 그 자체가 긍정적 분배효과를 동반할 수 있다는 인식이 필요한 시점이다. 이러한 장기적 과제를 차지하고라도 단기적으로도 현재의 정책적 조합이 경제성장을 방어하기에 적절한지 의문이 크다.

우선 2022년 이후 급격히 축소균형의 양상을 보이고 있는 대외무역은 여전히 대외의존도가 높은 한국경제의 성장에 추가적 위험요인으로 등장하고 있다. 최근의 양상은 세계 경제의 흐름에 일정 폭 일탈해 있다는 점에서 한국경제의 구조적 요인에

눈을 돌려야 함을 말해준다. 단기적으로는 수출시장의 유지와 국제적 생산분업 관계의 안정성 확보에 초점을 맞추고 급격한 대외부문의 축소가 산업생산에 가져올 여파를 최소화해야 한다. 장기적 관점에서는 2000년 이후 대외부문의 급팽창에 산업생산이 상응하지 못하고 있다. 오랫동안 강점으로 여겨왔던 제조업 기반 경제의 국제경쟁력을 재점검해야 함을 말해준다. 단순히 중국에 대한 높은 의존도뿐만 아니라 일부 상품과 대기업에 대한 의존도가 증가한 무역구조는 급변하는 통상환경과 국제적 비교우위 구조하에서 취약성을 드러낼 수밖에 없다. 세계무역이 소폭이나마 증가하고 있는 상황에서도 한국의 무역이 큰 폭으로 감소한 사실이 이러한 평가를 뒷받침한다. 장기적인 관점에서 볼 때, 세계적으로 진행되고 있는 재생에너지 사용의무 강화가 갖는 산업정책적·무역정책적 의미를 심각하게 받아들여야 한다. 한국의 산업정책과 재생에너지 관련 정책은 세계적 추세에 오히려 역행하고 있다. 빠른 시일 내에 정책의 전환이 이루어지지 않을 경우, 한국의 산업과 무역 전반에 결정적 타격으로 작용할 수 있다는 위기의식을 공유해야 할 시간이다.

또한, 성장의 명백한 둔화에도 불구하고 건전재정의 명목하에 긴축적 재정정책 기조를 고집하고 있다. 이미 한국은 2000년 이후 크게 3번의 대규모 재정투입과 확장적 재정정책을 통하여 위기를 극복한 바 있다. 바로 1997년 외환위기, 2008년 글로벌 금융위기 그리고 최근의 코로나19로 인한 위기의 극복이다. 확장적 재정정책으로 인하여 국가채무 증가는 위기 극복의 피할 수 없는 비용으로 간주해야 할 것이다. 적자폭 그 자체만으로 재정운용의 건전성을 판단하는 것은 공정하지 못하다. 재정수지는 무조건 균형을 이루어야 하는가 혹은 균형과 비슷한 수준의 적자 혹은 흑자가 바람직한가 라는 질문 자체가 잘못된 문제제기(ill-posed problem)다. 왜냐하면 재정정책 운용 '수단'이 경제안정이라는 '목표'를 흔들 수는 없기 때문이다. 재정의 본질적 기능은 성장률 목표에 기여할 수 있는가? 세입결손이 예측되는 상황을 어떻게 대처할 것인가? 그리고 경기변동에 재정정책의 기조가 충분히 탄력적인가? 등의 질문이 적절하다. 무엇보다도 재정정책이 오랫동안 추진되어 온 불평등 해소 및 복지정책의 목표 달성에 충분하게 설계되어 있으며 코로나19 이후에도 여전히 어려운 민생과 경제회복에 어떻게 기여할 것인지 고민해야 한다. 또한 세입결손이 예상됨에 따라 재정수지 적자를 줄이는 방안으로써 지출을 조정하는 정책적 선택이 이루어지고 있다. 그러나 경기침체에 의해 세수부족 사태가 발생하였는데 이를 재정지출 억제로 대응하면 경기가 더욱더 위축되어 다시 세입결손이 커지는 악순환의 위험을 엄중하게 인식해야 한다.

선택지가 좁은 인플레이션과 금리정책

코로나19 이후 경제가 회복되는 과정에서 급속히 등장한 인플레이션은 커다란 정책적 도전을 추가하였다. 다른 국가와 비교해 보면, 한국경제는 적어도 표면적으로 인플레이션의 파고를 무난하게 넘어갈 가능성이 있다. 그럼에도 전기 및 교통 등 공공요금 인상과 식료품, 음식 및 숙박을 중심으로 높은 생활물가 상승률이 지속되고 있다는 점에서 경제적 약자의 부담이 상대적으로 높다는 사실을 상기해야 한다. 가계부채와 더불어 높은 생활물가는 곧바로 내수부족으로 이어져 거시경제 전반에 부정적 영향으로 나타나고 있다. 이처럼 인플레이션과 실물경제 둔화라는 현상은 통화정책에 딜레마로 작용한다. 한-미 금리차 역전으로 자본유출 우려가 상존하는 상황에서 실물경제 둔화에 대응하여 통화정책을 운용하는 것은 쉽지 않다. 동시에 근원 물가상승률이 높기 때문에 통화정책으로 실물경제 둔화에 대응하기가 매우 어려운 현실이다. 근본적으로는 최근의 인플레이션이 공급 충격에 크게 기인한다는 점도 통화정책의 유용성에 회의를 갖게 만들고 있다.

인플레이션과 함께 한국은행이 금리인상을 단행하여 왔지만 미국의 금리인상에는 크게 미치지 못하여 한-미 간의 높은 금리 역전현상이 발생하였다. 이론적인 관점에서 시장금리는 정책금리와 매우 높은 상관관계를 갖고 움직이므로 한-미 정책금리차 역전은 우리나라에 투자한 외국인 증권투자자금의 대규모 유출을 유발할 수 있다. 하지만 과거 사례를 살펴보면 한-미 간 정책금리가 역전된 기간에 외국인 증권투자자금은 오히려 순유입 된 바 있음을 발견할 수 있다. 그 이유는 외국인 증권투자자금이 내외금리차 이외에도 국내 경제 상황, 국제금융시장 여건, 투자자의 투자전략 등 다양한 요인에 의해 결정되기 때문이다. 한국은행이 독립적인 통화정책을 수행하더라도 일시적인 물가상승 이외에는 큰 영향을 받지 않을 가능성이 있으므로 국내 거시경제 여건에 따라 독립적으로 통화정책을 수행하는 것이 사회 후생의 관점에서 더 바람직해 보인다.

한국은행은 물가안정이라는 1차적 목표 이외에도 고용과 성장 및 금융시장의 안정이라는 다양한 목표를 추구해야 한다. 국내외금리차 역전 규모를 줄이기 위해 더 긴축적인 통화정책을 수행한다고 할 경우 가계부채의 누적에 따른 은행의 부실화와 금융시스템의 불확실성이 급속히 증가하여 오히려 외환의 대규모 유출이 발생할 가능성이 높다. 통화정책 운용이 대내외적으로 제약받고 있는 상황에서 통화당국은 실물경제의 둔화에 보다 직접적으로 대응하는 것이 바람직할 수 있다. 예를 들어, 외부충격에 대응하기 위한 산업구조 개선을 직접 지원하기 위한 금융중개지원대출의 확대가 한 예이다. 가계 및 기업에 대한 신용 증가세가 확대에 대해서도 금리 인상정책으로 대응하기 어려운 현실을 감안하여 금융감독 당국이 금융안정 차원에서 접근할 필요가 있다.

불평등 해소와 고용률 개선은 여전히 중요한 정책과제

단기적 정책과제의 대상이 되는 거시경제 지표 이외에도 항시적으로 살펴보아야 할 경제지표는 무수히 많다. 그중에서도 불평등 문제는 장기적이고 구조적인 성격 때문에 단기적 경제상황에 대한 평가와 정책대응의 영역으로 간주되지 않는 경향이 있다. 그럼에도 최근에는 중앙은행의 통화정책에서 불평등 변수를 고려하기 시작하였는데, 코로나19에 대처하기 위한 장기 저금리 정책은 불평등을 강화하거나 자산의 불평등을 심화시킬 가능성이 있기 때문이다. 전통적인 재분배 정책 관점에서 볼 때, 한국의 소득 불평등 수준은 향후에도 개선될 여지가 많다는 사실을 인식할 필요가 있다. 특히, 상대적으로 완화된 소득불평등과는 달리 한국의 자산불평등은 2000년대 이후 계속 높아져 왔다. 자산불평등이 소득불평등을 강화하고 다시 소득 흐름의 격차가 자산의 양극화를 낳는 두 가지 불평등이 서로 강화하는 효과를 충분히 경계해야 할 필요가 있다. 이를 위해서는 (순)자산

기반의 소득 흐름에 대해 보다 형평성 있는 과세 기반을 구축하는 한편, 확충된 재원이 소득재분배 정책에 효율적으로 집행되면서 소득불균형을 완화해 나가는 선순환 고리를 구축할 필요가 있다.

한편 한국의 고용률은 2000년 61.5%에서 2022년에는 68.5%로 꾸준히 상승하였지만 여전히 OECD 평균에 미치지 못하며 G7 국가들에 비해서는 큰 격차를 나타내고 있다. 다만 2008년 글로벌 금융위기와 2020년 코로나19 확산으로 인한 경기침체기에는 대부분의 국가에서 뚜렷한 고용률 하락이 목격되었으나 한국의 경우 다른 국가들에 비해 상대적으로 하락폭이 작았다. 팬데믹 시기 정부의 대책이 경제 충격의 완화에 상대적으로 효과적이었음을 말해준다. 보다 관심을 가져야 할 점은 인구와 고용구조상의 큰 변화인데, 바로 학력수준의 향상과 고령화의 심화이다. 여성의 학력수준 향상으로 여성 고용률뿐만 아니라 전체 고용률의 상승 추세를 이끌었다. 고령화의 빠른 진행에 따라 고령층의 경제활동이 크게 증가하였는데, 현재의 노령연금과 공공일자리 정책만으로는 충분하다고 보기 어려우며 연금제도의 강화와 은퇴 연령의 연장 등과 관련한 정책적 고민이 필요해 보인다. 산업구조의 변화에 따라 자연스럽게 고용구조 역시 변화해 왔다. 이와 관련하여 가장 중요한 정책과제는 역시 임금 등 근로조건과 근로환경에서 대기업과 중소기업에 큰 차이가 존재함에 따라 격차 완화를 통한 고용안정 노력일 것이다.

1인당 실질 GDP는 국가 간 또는 시점 간 생활 수준의 변화를 비교할 수 있는 가장 대표적인 지표이며 장기적 생활수준의 개선은 결국 생산성의 향상으로 뒷받침된다. 2000년대 들어 최근까지 한국의 1인당 실질 GDP 증가율의 장기적인 하락을 경험한 것도 주로 노동생산성 증가율의 하락으로 설명된다. 노동생산성 증가율의 하락은 자본장비율과 총요소생산성이 비슷한 수준으로 작용한 것으로 추정되었다. 2000년 이후 특이할 만한 기간은 2011-2015년 구간인데 이 기간의 1인당 실질 GDP 증가율 하락뿐 아니라 노동생산성 증가율의 하락도 다른 기간을 압도하는 수준을 보였다. 반면에 2016-2020년에도 1인당 실질 GDP 증가율은 하락하였지만, 노동생산성 증가율은 오히려 증가하였다는 점에서 대비된다. 이는 총요소생산성 하락을 자본장비율 증가율 증가로 상쇄하였기 때문에 가능하였다고 추정되는데, 무엇보다도 정부의 투자증가가 중요한 역할을 한 것으로 보인다. 경제성장률 및 생산성 증가율의 장기적인 하락추세는 자연스러운 현상이기는 하지만 정부가 적절한 정책적 대응을 통해 그 속도를 조절할 여지가 있다는 것을 의미한다. R&D 예산을 포함한 최근의 혁신 관련 정책은 이러한 필요성에 비추어 볼 때 상당히 우려되는 부분이다.

경제흐름을 왜곡하지 않는 자산시장 정책의 필요성

대표적인 자산시장은 주식시장과 부동산 시장이다. 주식시장은 자본과 투자의 흐름을 촉진하여 기업의 확장과 혁신을 위한 자금조달 역할을 한다. 주식시장은 1983년 1월 4일부터 산출되어 발표된 코스피지수를 기준으로 보면, 2022년 말까지 GDP가 약 22배 성장하는 동안 코스피지수는 약 18배 성장을 하는 데 그쳤다. 코스닥시장의 경우, IT, BT 관련 기술주와 엔터테인먼트, 소프트웨어, 게임 등 첨단 벤처산업을 중심으로 성장하였다. 최근 주식시장은 AI, 간편결제시스템 등 핀테크의 활성화로 투자자들이 주식시장에 보다 더 쉽게 접근할 수 있고 다양한 금융상품도 쏟아져 나오고 있다. 투자자보호 등 다양한 정책을 통하여 투자자들의 주식시장에 대한 신뢰도를 강화할 경우 기업의 자금조달에 크게 기여할 수 있을 것이다. 한편, 비교적 최근에 도입된 중소기업의 초기 자금조달 창구인 코넥스시장은 한계에 직면하고 있다. 코넥스시장이 코스닥시장으로 가는 사전 단계로서 받아들여질 수 있도록 일정 기간 상장 후 코스닥 이전 상장이 가능하도록 하는 제도 등 초기 단계 기업이 성장할 수 있는 플랫폼을 구축할 필요가 있어 보인다.

한국경제에서 부동산은 주식보다 투자의 관점에서 장기적으로 우월하다. 상승폭도 크고 변동성도 작았기 때문이다. 부동산 가격이 꾸준히 상승하는 근원적인 원인은 한국경제가 성장하기 때문이다. 정부는 부동산 시장에 대해서 장기 대세 상승하는 추이를 막을 수도 없고, 막을 필요도 없다. 그러나 정부는 부동산 과열은 항상 경계하고 이를 제어하려는 노력을 해야 한다. 그럼에도 한국 정부는 종종 세금 완화, 금리 및 대출 완화, 유동성 팽창 등으로 부동산 경기부양을 통해 거시경제 전반적인 경기부양을 기하려 한다. 이러한 정책은 부동산의 자연스러운 추세적 상승이 아니라 일시적 과열의 주된 원인이다. 부동산 가격은 정부가 걱정하지 않아도 한국경제가 성장하는 한 상승하게 되어 있다. 정부는 부동산 과열과 투기를 막아 정상적 추세에서 벗어나는 것을 방지하는 데 정책적 노력을 기울여야 한다.

저자 소개

한홍열

한양대학교 ERICA 경제학부에 재직 중이며 Univ. of Pittsburgh 에서 경제학 박사학위를 취득하였다. 현재 코리아컨센서스연구원 이사장을 맡고 있다. 산업연구원과 대외경제정책연구원에서 근무하였으며, 한국연구재단 이사, 한국사회과학회 이사장, 대통령 직속 국민경제자문위원회 위원을 역임하였다.

이동진

상명대학교 경제금융학부 교수로 재직하고 있으며 주요 연구 분야는 거시경제와 금융이다. 캘리포니아 대학 샌디에고(UCSD)에서 경제학 박사학위를 취득하고 미 커네티컷대학 경제학과(University of Connecticut) 교수, 한국은행 조사국 연구원, 대통령 직속 국민경제자문회의 위원 등을 역임하였으며, 그 외에도 서울주택공사 투자심의위원, 기술보증기금 리스크 관리위원 등의 활동을 하고 있다. 최근 주요 연구로는 "대내외 금융순환과 중기시계의 경기변동 위험", "조건부 분위 충격반응 모형을 통한 통화정책의 비대칭성 연구", "금융안정성 판단지수 추정", "과다부채와 실물경제 간 관계 분석" 등이 있다.

류덕현

중앙대학교 경제학부 교수로 재직 중이며 미국 텍사스주 휴스턴의 라이스(Rice) 대학교에서 2004년 경제학 박사학위를 취득하였다. 중앙대학교 교무처장을 역임했으며 국민경제자문회의 거시경제분과위원으로 활동했다. 2020~22년 한국사회과학회장을 역임하였다. 박사학위 취득 후에는 한국조세연구원(KIPF)의 전문연구위원 및 세수추계팀장을 역임했으며, 2012년 한국재정학상을 수상한 바 있다. 현재 기획재정부 재정정책자문회의 위원 및 복권기금운용위원회 위원이며 재정정책, 시계열 응용 계량경제학 연구를 주로 하고 있다.

주동헌

한양대학교 ERICA 경제학부에 재직 중이며, 어바나 샴페인 소재 일리노이 대학(UIUC)에서 경제학 박사학위를 취득하였다. 학위 취득 이전에는 한국은행 자금부, 금융시장국, 조사국 등에 근무하였으며, 학위 취득 이후 한국은행 경제연구원과 조사국 거시경제모형팀에서 통화정책과 거시경제 모형에 대한 연구를 담당하였다. 금융산업 경쟁도 평가 위원회 등 다수의 금융위원회 산하 위원회 위원으로 활동하였으며, 한국개발연구원의 KSP, 한국은행 KPP 사업 등을 통해 볼리비아, 쿠웨이트, 헝가리, 우즈베키스탄 등의 거시경제정책 컨설팅 과제에도 참여하였다. 통화정책과 금융시장에 관한 연구를 주로 진행하고 있다.

정용국

서울시립대학교 경제학부 교수 겸 자유융합대학 학장으로 재직하고 있으며, 경기변동과 인플레이션 등 거시경제 이슈들에 대한 연구를 주로 진행하고 있다. 학부 졸업 후 한국은행 과장으로 근무하였으며 미국 캘리포니아 대학교 샌디에이고(University of California, San Diego)에서 경제학 박사 학위를 취득한 후 미국 웨인 주립대학교(Wayne State University) 경제학과 조교수로 재직한 바 있다. 현재 한국통계진흥원 이사 및 한국국제금융학회 이사로 활동 중이다.

손종칠

한국외국어대학교 경제학부에서 학생들을 가르치고 있으며, 주요 연구 분야는 가계부채, 자산가격, 통화정책, 경제성장 등이다. 미국 텍사스 A&M 대학교(Texas A&M University)에서 박사학위를 취득하였다. 학위 취득 이전에는 한국은행 금융시장국, 경제통계국 등에서 근무하였으며 학위 취득 이후 한국은행 경제연구원에서 거시경제와 금융 주제의 실증분석 연구를 다수 수행하였다. 고용노동부 정책자문위원 등을 역임했으며 현재 학술지 '금융안정연구' 및 '생산성논집'의 편집위원으로 활동하고 있다. 한국은행 KPP 사업 등을 통해 캄보디아, 라오스, 우즈베키스탄 등의 금융통화 정책 컨설팅 과제에도 참여하였다.

백명호

한양대학교 정책학과 부교수로 재직하고 있으며, 주요 연구 분야는 노동, 인구, 보건 등의 응용미시 분야이다. 미국 텍사스대학교(The University of Texas at Austin)에서 경제학 박사학위를 취득하였고, 동대학교 로스쿨에서 박사후 연구원으로 근무하였다. 이후 노쓰웨스턴대학교(Northwestern University) 로스쿨에서 연구원으로 근무하며 법경제학과 보건정책 분야의 실증 연구를 다수 수행하였다. 한국경제학회 학술지 〈경제학연구〉 편집위원을 역임했으며, 최근에는 우리나라의 노동시장과 보건정책 관련 연구를 수행하고 있다.

김시원

전남대학교 경제학부 재직 중이며, 미국 오하이오 콜럼버스 소재 오하이오 주립대(Ohio State University)에서 경제학 박사학위를 취득하였다. 학위취득 후 증권결제원, 국민연금연구원, 국회예산정책처에서 연구위원으로 근무하였다. 거시경제, 국제금융 분야의 다양한 주제를 연구하였으며, 최근에는 여성 노동시장, 지역 간 경제력 격차에 관한 주제를 연구하고 있다.

서은숙

상명대학교 경제금융학부 교수로 재직하고 있으며, 주요 연구 분야는 거시경제와 금융이다. 미국텍사스대학교(Univ. of Texas at Austin)에서 경제학 박사학위를 취득하고 한국은행에서 금융정책 등 연구, 자본시장연구원에서 채권시장 등 자본시장 주요 주제들을 연구하였으며, 한국투자공사 운영위원, NH농협금융지주 사외이사 등을 역임하였다. 2017년, 2023년 금융발전심의회 위원, 한국거래소 파생상품시장 발전위원회 위원, 연기금투자풀 운영위원회 민간위원, 신용보증기금 자산운용위원회 위원, 인사혁신처 주식백지신탁심사위원회 위원, 금융위원회 금융중심지추진위원회 위원 등의 활동을 하고 있으며, 2020년, 2021년, 2022년 기금부담금운용평가단 기금평가위원과 공기업·준정부기관 경영평가단 평가위원 등의 활동을 하고 있다. 최근 주요 연구로는 "Financial Inclusion through Fintech in the Digital Economy", "가계 부채와 자산분배" 등이 있다.

빈기범

명지대학교 경제학과에 재직 중이며, 서울대학교에서 계량경제학 전공으로 경제학 박사 학위를 취득하였다. 학위 취득 이후 자본시장연구원에서 연구위원 및 자본시장 실장으로서 자본시장, 사적자본시장과 사모펀드, 간접투자기구 등에 관하여 시장 및 법제도 연구를 담당하였다. 현재 주요 연구 분야는 금융제도와 금융시장, 금융소비자 보호, 자산 시장과 소득 분배, 금융데이터의 활용과 분석 등이다. 한국증권학회 부회장, 한국파생상품학회 부회장, 한국금융공학회 부회장 등을 역임하였고, 현재 금융정보연구 및 금융소비자연구 편집위원장 및 금융감독원의 금융감독자문위원회 위원을 수행하고 있다.

코리아컨센서스연구원

10대 지표로 보는 오늘의 한국경제

1판 1쇄 발행	2023년 9월 25일
지은이	한홍열 · 이동진 · 류덕현 · 주동헌 · 정용국 · 손종칠 · 백명호 · 김시원 · 서은숙 · 빈기범
발행인	한홍열
편집·디자인	이찬미
발행일	2023년 9월 25일
발행처	코리아컨센서스연구원 서울특별시 종로구 자하문로17길 12-10, 3층 전화: 02-3147-0633 이메일: kci@lkoreaconsensus.org 홈페이지: www.koreaconsensus.org
등록	2015년 2월 6일 제300-2015-20호
ISBN	979-11-951660-8-4 (93320)
값	12,000원

* 이 책은 (사)코리아컨센서스연구원이 저작권자와의 계약에 따라 발행한 것이므로 본 연구원의 서면 허락 없이는 어떠한 형태나 수단으로도 이 책의 내용을 이용하지 못합니다.

* 잘못된 책은 구입하신 서점에서 바꾸어 드립니다.